会社に行きたくない。さて、どうする？

サラリーマン・引きこもりたくなる深層心理とその対処法

精神科医
和田秀樹
Hideki Wada

CROSSMEDIA
PUBLISHING

はじめに

ひと言で、「会社に行きたくない」といっても、その原因は様々でしょう。
上司が嫌で行きたくない人、仕事のノルマがきつくて行きたくない人、満員電車に乗るのが苦痛な人、人づき合いが苦手な人……など、人それぞれだと思います。

また、「行きたくない」という思いの強弱も様々でしょう。
毎朝やっとの思いで家を出るぐらい深刻な人もいれば、月曜の朝になると時々そんな気持ちになるという程度の人もいるでしょう。

人により、原因や程度の差はあると思いますが、注意してほしいのは、この「会社に行きたくない」という気持ちは、心身の不調を示すサインであるということです。もし今、あなたが行きたくないと感じているのであれば、きっと自分が想像する以上にストレスや不安、不満などを溜め込んでいる可能性が高いと思われます。

この心身からのサイン＝ＳＯＳを軽視してはいけません。

これぐらいのストレスなんてたいしたことないはず、と思ってやり過ごしていると、ある時、ポキンと心が折れて、本当に会社に行けなくなるかもしれません。

今、中高年の引きこもり者の増加が社会問題化していますが、引きこもる前に、もっと適切な対応をとっておけば防げた事例も多いと思います。

もちろん、今からでも考え方次第で治すことも、防ぐこともできると私は考えています。

近年は働き方改革により、多様な働き方を認める動きが広がりつつあります。しかし、それでも日本はまだまだ〝会社社会〟です。

コロナウイルスの感染拡大によりテレワークへの移行は進みましたが、今でも日本では「会社に行く＝仕事」という面が強く、たとえ心の不調を感じても、会社に行かなければならないという強迫観念が多くの人の心を支配していると思います。

しかし、精神科医の立場からいえば、こうした考え方こそが諸悪の根源であり、多くの人がツラさを抱える原因になっています。

「行きたくないときはムリをしないで。会社なんか行かなくたって、たいしたことないんだよ」と、私は声を大にしていいたい気持ちです。

そう思うことさえできれば、きっとツラさはだいぶ軽減するはずだと考えているからです。

本書は、「会社に行きたくない」あなたの状況を様々な角度から検証し、「さて、どうする？」の答えを導き出していきます。

ツラさの原因を取り除き、前向きな気持ちを取り戻すための具体的な方法や習慣を提案します。

本書を読んでいただいた結果、「もう嫌だ！　会社になんか行きたくない！」という気持ちが消えていくことを願います。

そして、読者の皆さんの心が晴れ晴れとし、気持ちがラクになることを著者として切に願っています。

令和二年四月　和田秀樹

会社に行きたくない。さて、どうする？　目次

1章 なぜ、会社に行きたくないのか？

2章 人づき合いがどんどん億劫になるワケ

3章

ガマンしない生き方――「安楽生」のすすめ

4章 怒り、不安、焦り…悩みのもとを取り除く一問一答

5章

100%前向きになれる10の習慣

1章

なぜ、会社に行きたくないのか？

CHAPTER 1

WHY DON'T YOU WANT TO GO TO WORK?

メンタルヘルスに問題を抱える

「会社に行きたくない」と思うことは誰でもあるでしょう。月曜日から始まる仕事のことを考えると憂鬱で、日曜日の夜に気が重くなることは珍しいことではありません。

ゴールデンウィーク明けも、その症状が強まる傾向があります。いわゆる〝五月病〟です。新しい職場でスタートを切った人たちが、慣れない環境で緊張やストレスを溜め込むことで起こりやすい精神的な症状です。

五月病は、以前は新入社員によく見られる症状でした。しかし最近は、中高年の社員が該当することも少なくないようです。

実際、仕事や職業生活に関することで、強いストレスとなっていると感じる事柄がある労働者の割合は6割近く、58・0％となっています（2018年「労働安全衛生調査」）。

さらに、メンタルの不調により、会社に行くことができなくなった人も一定数います。過去1年間（2017年11月1日から2018年10月31日までの期間）にメンタルヘルス上の理由から1か月以上休職した労働者がいた事業所の割合は6・7％、退職者がいた事業所の割合は5・8％となっています。

この数値は、事業所規模が大きくなるほど高まります。

従業員100人～299人の場合、それぞれ37・4％と16％となっており、職場のストレスなどによるメンタル不調で会社に行けなくなり、それが休職や退職につながっていることが読み取れます。

人としゃべることがストレスになる

会社に行きたくない理由は何でしょうか？

10代〜50代の働く男女1000人を対象にインターネット上で調査したところ、84％の人が「働きたくないと思ったことがある」と回答しました（株式会社ビズヒッツがインターネットを使ってアンケートを実施。2019年10月）。

その理由は、「体がつらい」「やりがいがない」「休みがない」などで、最も多い理由は「人間関係がつらい」（196人）でした。

仕事そのものへの不満よりも、仕事にまつわる「対人関係」に苦痛を感じている人が多いことを示しています。

確かに、人づき合いが苦手な人は、人としゃべるだけでストレスを感じます。しかも日本人は人に嫌われることを極度に恐れるため、嫌われないように周りに気を遣いながら話します。これでは苦痛に感じるわけです。

加えて、最近は職場の人間関係がギスギスしていると聞きます。かつての職場は、アフター5も一緒に飲みに行くなど、家族主義的なつながりが普通にありました。

しかし、成果主義が導入され、個人の成果が重んじられるようになってから、人間関係はどんどん希薄になっていきました。

「働き方改革」によって残業を制限されるにつれ、周りの人をフォローする精神的、時間的な余裕もなくなり、職場には殺伐とした空気が広がっているようです。

そんな場所＝会社に行きたくないと思うのは、むしろ普通のことなのかもしれません。

では、あなたに質問です。

「会社に行きたくない」と思ったときに、実際に休んだことはありますか？

1回や2回はあるかもしれませんが、嫌だなあと感じながらも、たいていは真面目に出勤しているのではないでしょうか。

もうひとつ、質問です。

会社に行きたくないのに、なぜガマンして行くのでしょうか？　たまにはズル休みをしてもいいと思いませんか？

でも真面目で勤勉な日本人には、それが難しいはずです。休むことを「甘え」ととらえる人が少なくないからです。

拙著『甘える勇気』では、日本人に多い、甘えを罪悪視する考え方に警鐘を鳴らしました。自分や周囲に対して甘えるのは恥ずかしいことであり、それはズルい人間や弱い人間のやることであるとみなす傾向が強いことに危機感を覚えたからです。

私は、長年の精神科医としての経験から、甘えを悪いことととらえていません。むしろ、自分にも周囲にも、素直に甘えるべきだと考えています。

精神科医の立場でいえば、会社に行きたくない気持ちを甘えととらえ、悪いことと考えるのは好ましくありません。

責任感の強い人ほど甘えてはいけないと考え、その感情を封じ込めようとしますが、その行為は自分のクビを絞めることになりかねないのです。

日本人を苦しめる「かくあるべし思考」

今は仕事を選ばなければ、いくらでもある時代です。

昔のように、正規雇用が当たり前で、年功序列で給料が上がっていく中では、そこからドロップアウトする勇気を持つ人は少なかったでしょう。

しかし、現在は正規雇用ですら実質賃金が下がる時代。行くのがツライ会社にしがみつかずとも、選択肢はいろいろあるわけです。

なのに、会社を辞めず、ガマンして行くことを選ぶ人がとても多い。

せっかく入った会社なんだから、行きたくなくても行きなさい、頑張って、と親やパートナーにいわれてしまい、それに従う。

これは学校も同じですね。いじめられるなら学校に行かなければいいのに、親はそれを許さず、子供を追いつめてしまうのです。


会社に嫌な上司がいるとか、いうことを聞かない部下がいる場合、そうした状況を変えることは難しいですが、それに対して自分がどうするかは決めることができます。

転職しようと思えば、最近は40代、50代であっても働き口はあるでしょう。

実際に転職しなくても、転職サイトに登録して、返事を待っているだけで、気分は変わると思います。

でも、それすらしない人が多いのではないでしょうか。


その背景には、日本人特有の2つの問題があると考えています。

ひとつは、「かくあるべし思考」です。

会社は絶対に行くべきところであり、休むなんて許されない。仕事はきちんとしなければいけない……。というように、かくあるべし思考で自らを縛り、自分自身にガマンを強いるのです。

もうひとつは、物事を「二分割思考」でとらえること。

白か黒か、善か悪か、成功か失敗かなど、二者択一のどちらかで判断する極端な考え方です。

「会社に行くのは善」、「行かないのは悪」ととらえたら、道はひとつしかなくなります。行きたくなくても頑張って行くしかなくなるわけです。

もちろん、スキルを磨き、経験を積むにはある程度のガマンが必要になります。一定期間ガマンして努力することにより、人は成長します。

問題は、ガマンし過ぎていないかどうかです。ストレスの限界に達するほど、ムリをしていないかどうかです。

ガマンを続けるとストレスはどんどん溜まっていきます。ストレスが限界に近づくにつれて、心や体に変調をきたすようになります。

そして限界レベルまで追い詰められると、うつ病などを発症するケースが少なくありません。私はそういう患者さんをたくさん診てきました。

ひたすらガマンを続け、ストレスで体を壊してまで働く必要はないはずです。

選択肢は、ムリして会社に行くことだけではありません。それ以外にたくさんの道があることを知ってほしいと思います。

大人がいじめに走る理由とは？

頭では「ガマンし過ぎるのはよくない」とわかっていると思います。でも現実にはそうもいかず、ガマンにガマンを重ねてしまいがちです。

昨年、そのことが大きな問題に発展して世間を騒がせました。神戸市の小学校で起きた教師同士のいじめ問題です。

問題が発覚したのは2019年10月でした。20代の男性教員が警察に被害届を出したことで、連日テレビや新聞で取り上げられました。

被害者である男性教員は先輩教員4人から目や唇に激辛カレーのスープを塗られ、羽交い絞めにされて激辛カレーを食べさせられたと訴えました。

ほかにも暴力や嫌がらせを日常的に受けていたことが判明し、ずっとガマンしてきたことがうかがい知れました。

被害教員は精神的に不安定に陥り、同年9月から欠勤。うつ病を発症して休職中と報道されました。

精神科医の立場からすれば、なぜもっと早く「職場に行かない」という選択をしなかったのかと思わずにいられませんでした。

強烈ないじめを受けてもなお職場に行き、同僚教員が「いじめの度が過ぎる」と見かねて校長に報告し、校長が声をかけたにもかかわらず、本人は「大丈夫です」と答えていたようです。

こうした〝大人のいじめ〟は教師の世界だけの話ではありません。じつは今、日本中の職場で増えているのです。

厚生労働省の調査によると、全国の労働局などに寄せられる職場での「いじめ・嫌がらせ」に関する相談件数は年々増加しています。2018年度は8万2797件で、10年前の2倍以上、過去最多を記録しました。

いじめが増加する原因のひとつは、職場内のコミュニケーション不足でしょう。日々仕事に追われて忙しく、互いにコミュニケーションを図ることが難しくなっています。

仕事の疲れやストレスが溜まっても、上司に相談する時間もなく、上司も部下のフォローが手薄になっています。

孤独の中でイライラが募り、不満は爆発寸前。そのはけ口を求める人が多くなっているのかもしれません。

行きたくないのは心身の不調のサイン

私にいわせれば、「会社に行くか、行かないか」よりも、「自分を守ること」の方が大事なことです。

ガマンにガマンを重ねると、やがて心身に変調をきたし、休職したり退職することが避けられなくなります。

うつ病や引きこもりになることを望む人はいないですよね。できればそうなる前に防ぎたいし、そうならずにすむ対処法を知りたいはずです。

本書の役割はそこにあります。

まず大切なのは、会社に行きたくないという気持ちが、心身の不調を示すサインであることに気づくことです。

強いストレスを抱えていると、たいていの場合、何らかの症状が現れます。憂うつな気分になったり、物事に集中できなくなったり、夜よく眠れなくなる、といった症状です。

会社に行きたくない思いと同時に、このような心身の不調が続いたら、注意しなければいけません。

本人が自覚している以上に、ストレスを溜め込んでいる可能性が高いからです。

重要なのは、症状が軽いうちに適切な対策をとることです。そうすれば、病気に発展せずにすみます。

たとえば、スポーツで汗を流す、温泉旅行に行く、音楽を聴くなど、自分に合ったストレス解消法を講じるのがいいでしょう。要は、自分の好きなことや趣味を楽しんでリフレッシュすればいいのです。

職場を離れると元気になる

問題は、気分転換を図ってもいっこうに症状が改善されなかった場合です。そうなると、精神的な疾患を疑わざるを得ません。

代表格はうつ病です。今や一般的に知られるようになりましたが、気分の落ち込みや興味の減退などの症状が長期間継続し、仕事や日常生活に支障をきたすようになる気分障害のひとつです。

うつ病を患う人は年々増加しており、医療機関にかかっている患者数は100万人を超えています。

2013年の厚生労働省の調査によると、有病率は6・7％で、15人に1人が生涯に一度はうつ病にかかる可能性があると報告されています。ストレスの多い現代社会では誰もがかかり得るのです。

ストレス因関連障害群に分類される適応障害も、ストレス社会を象徴した精神的な疾患です。

適応障害は、ある社会環境にうまく適応することができないことから引き起こり、様々な心身の症状をもたらします。

たとえば、職場の上司に対して嫌悪感が強いと、上司が目に入っただけでもストレスに感じます。

しかし、仕事が終わり職場を離れると症状は弱まり、元気になるケースが多いため、昔でいう〝5時から男〟と誤解を招きやすい面もあります。

適応できない環境や出来事は人によって様々です。ただ、実感として一番多いのはやはり人間関係に絡む問題になります。

適応できないツラさを知るのは本人のみ。他人には、体調が悪いのを「怠けているだけ」と見られたりしますが、ちゃんとした病気です。

適応障害を「新型うつ病」と呼ぶケースもあります。

旧来型のうつ病のような憂うつ感が少なく、うつ病の薬が効きにくいのに、本人の不調感が強く、自殺も少なくないという特徴からそう呼ばれています。

気分が憂鬱なのは年齢のせい？

加えて、中高年男性に要注意なのが「男性更年期障害」です。

更年期障害といえば女性の悩みと思われるかもしれませんが、近年は男性も同様の悩みを抱える人が少なくないことがわかっており、認知されつつあります。

男性更年期障害は、おおむね40代で発症し、50代、60代の患者が最も多いです。加齢に伴う男性ホルモンの低下が原因とされ、様々な心身の不調を引き起こします。

原因物質の男性ホルモンは「テストステロン」と呼ばれるものです。

一般に、テストステロンは10代前半から増え始め、20歳ごろをピークに以降少しずつ減少に向かいます。

40代以降は加齢や職場のストレス過多でテストステロンの減少に拍車がかかるため、男性更年期障害を発症しやすいわけです。

主な症状は、抑うつ感や無気力、イライラといった精神症状から、勃起不全（ＥＤ）や性欲減退などの身体症状まで幅広く、多岐に渡ります。近年の研究では、記憶力や集中力の低下を招くこともわかってきました。

中高年になったら警戒しなければならないわけですが、男性更年期障害は見逃されるケースも珍しくありません。

というのも、気分が憂つうだからといって男性更年期障害とは結びつきにくいですし、男性更年期障害の様々な症状を知らなければ、「年のせいかな？」と思い込んでしまいがちだからです。

見逃して放置すれば重症化することも珍しくありません。心身の調子がおかしいと思ったら、男性更年期障害も視野に入れるようにしてください。

精神科には絶対行きたくない

会社に行きたくない思いと同時に心身に変調をきたし、気分転換を図ってもその変調がいっこうに改善されないなら、専門医に診てもらうのがいいでしょう。精神科に行き、医師に診てもらうということです。

しかし日本の場合、精神科を訪れる人はごく少数です。大多数は行くことを拒み、足を運ぼうとしません。

一方、アメリカは日本とは正反対です。気軽に精神科に行き、医師のカウンセリングを受けます。

その差は、心の病に対する考え方や文化の違いにあるのでしょう。詳しくは後述しますが、目指すべきはアメリカの姿です。

私はよく、日本人は「体の健康」と「心の健康」の向き合い方にギャップがありすぎるといっています。

健康を望む人は多いでしょう。とくに年齢を重ねるほど、体の健康にあれこれ気をつかうようになります。

たとえば、中高年を迎えてメタボ体型になってきたら、生活習慣病のリスクを軽減すべく、ストレッチやウォーキングに取り組んだりします。

では、心の健康の方はどうでしょうか？

体の健康維持には一生懸命なのに、心の健康については無頓着な人が多いように思えてなりません。

うつ病は重症化すると自殺願望を招き、本当に自殺に至ることも少なくないので、危険です。心身ともに相当の苦しさを伴います。

にもかかわらず、そのレベルまで精神科にかかろうとしない患者が相当数いるのは、先進国の中では日本だけでしょう。

「心の病＝恥」と考えて隠す

日本では、「心の病は「本人の心の弱さが招くもの」と考える人が多くいます。

「弱い自分を変えればどうにかなる」「自分の努力が足りなかっただけだ」などと反省し、専門医を遠ざけます。

心の不調を感じても誰にも相談することなく、悶々としながらひとりで抱え込む人が大変多いです。

相談すれば自分の弱さを露呈することになるので、「心の病＝恥」と考えて隠そうとするのです。

すると、症状はどんどん進行していき、気づいたときには重症化してしまっている。

心の病は、本人の心の弱さが招くものではありませんし、恥でもありません。そのことをまず認識してください。

うつ病でいえば、脳の機能が低下することによって発症すると考えられています。つまり、原因は脳にあるのです。精神力でどうにかしようと思っても、治すことができないのはあきらかでしょう。

脳の機能を正常に戻すためには、できるだけ早めに精神科に行き、カウンセリングや投薬による治療を受けることです。とくに軽度のうつ病であれば、早期治療によって回復する可能性は高くなります。

そうした意識を強く持つのがアメリカです。

前述したように気軽に精神科に行き、治療にも積極的なため、心の病を悪化させずにすむ人も少なくありません。

アメリカでは心の病を恥として隠すことはしません。むしろ逆です。

ひとりで抱え込んだりせず、オープンに話して専門医の助けを乞うのが知的レベルの高さを反映すると考えられているのです。

プロに頼むという発想がない

日本の場合、「プロに頼む」という意識が低いこともネックになっていると私は考えています。

法律については弁護士、税金については税理士など、専門分野にはその道のプロが存在します。

何か困ったことが起きたら、その分野のプロに相談するのがセオリーです。各分野の知識や経験が豊富なプロだからこそ、的確な判断のもと最適なアドバイスを受けられ、トラブルや悩みの解決につながります。

しかし、日本人はプロに頼むという発想が希薄です。助けを求めるより前に、自分でどうにかしようとします。でも結局はうまくいかず、かえって問題を大きくしてしまうケースも少なくありません。メンタルヘルスの問題も同様です。プロに頼むのが近道なのにもかかわらず、それをしないがために、心の病をこじらせてしまうのです。

精神科医はメンタルヘルスの問題を解決するプロです。私たちがどのように診療するか簡単にお話ししましょう。

まずカウンセリングを通じて、患者の心の健康状態を診ていきます。どのような症状なのか、不調はどのくらい続いているか、どんな経過をたどっているかなどを聴き取り、ストレスの原因や度合いなどを判断します。

そのうえで、うつ病や適応障害といった診断をくだし、治療に移ります。

治療は症状の程度によって異なるのはもちろん、患者の置かれている環境や性格なども考慮して行います。

患者一人ひとりに合った治療法を選択するのです。

たとえば、うつ病で症状が軽いものであれば、休養をとってもらうことを勧めます。症状の長期化により本格的な治療が必要と判断したら、薬物療法（抗うつ剤の処方）や、精神療法（医師やカウンセラーが患者と対話を重ねて問題を解決する方法）を行います。

適応障害の場合は、発症のもととなるストレス要因を軽減もしくは取り除きます。

たとえば、職場の人間関係に強いストレスを感じていたら、配置転換を願い出るなど環境を変えることが有効策といえます。

一方、男性更年期障害については診療科が異なり、担当窓口は精神科ではなく泌尿器科です。

問診と血液検査で男性ホルモン（テストステロン）の数値を調べて判断し、男性更年期障害とわかったら、生活習慣の見直しや投薬治療（漢方薬や抗うつ剤など）を行います。

このように、プロに頼ると問題点がハッキリし、対処法も見えてきます。

余談ですが、風邪を引いて医者にかかるのは日本人くらいだそうです。

アメリカでは高額な医療費を必要とし、ヨーロッパでは病院を予約して診療するまで時間がかかるなど保険や診療制度の違いもありますが、日本人の風邪に対する過剰な反応には滑稽さを覚えます。

かたや同じ医者でも精神科は遠ざけ、心の病を放置しがちなのは前述したとおりです。

風邪はよほど悪化しない限り死に至りませんが、心の病は違います。そのことをもっと強く認識すべきでしょう。

会社の産業医に相談するといい

日本では、いまだ精神科医の敷居は高いです。アメリカのように、気軽に相談できるレベルには達していません。

うつ症状に悩んでいても精神科を受診できず、悶々と過ごしている人は相当数います。

前述したようにうつ病患者は１００万人以上とされていますが、これは医療機関にかかっている数ですから、潜在的な患者数はその数倍と推定できます。治療せずに放っておけば悪化するのは目に見えていますから、その人たちに時間的な余裕はないはずです。

ハードルの高さを感じるなら、ハードルが比較的低い精神科医にアプローチしてみてはどうでしょうか。

2015年12月、従業員のメンタルヘルスケアを目的とした厚生労働省の取り組みとして、「ストレスチェック制度」がスタートしました。

同制度は、専門医が定期的に従業員のストレスチェック検査を実施し、職場環境の改善を促すとともに、メンタルヘルスの不調を未然に防止することを目的にしたものです。

従業員50人以上の事業者に義務付けられています(従業員50人未満の事業者は努力義務)。

ストレスチェックを行うのは会社と契約を結ぶ産業医です。産業医である精神科医などがストレスチェック検査の結果を踏まえ、高ストレス者に対してカウンセリングを行う仕組みになっています。

いきなり名も知らぬ精神科に行くのは気後れするかもしれませんが、すでに会社とつながりのある産業医ならハードルは下がるはずです。

また、ストレスチェック検査が義務化されて以降、会社にストレスの内容を知らせずに相談を受けられるシステムになっています。

心身の不調を感じたら、まずは会社の産業医を訪ねることをお勧めします。

会社を休んだらダメ人間とみなされる?

ここまでの話で、もうわかったはずです。

本心では会社に行くたくないのに、ムリして行くこと自体に問題があるのです。

人間の体は正直です。不調は何らかの形で必ず現れます。

心身の不調が続くのは、かなりのストレス状況に置かれているサインであり、危険信号でもあります。心も体も悲鳴をあげているわけです。

にもかかわらず、ムリして会社に行くというのは、自分で自分を追いつめることでしかありません。

となると、解決策はあきらかです。

そういった思考や行動を見直せばいいのです。

しかし、「簡単にはできない」と考える人が大半でしょう。

「現実には難しい」とあきらめる人もいるでしょう。

なぜ、そう考えるかというと、ムリしてでも会社に行かざるを得ない事情があるからだと思います。


たとえば、会社を休んだら「ダメなヤツ」と見られるので困る、と考えているケースです。

上司に「ダメ社員」の烙印を押され、評価が下がるのを恐れているわけです。

たしかに、上司からの印象は多少悪くなるかもしれません。

でも、評価が下がるのを恐れて、ガマンして会社に行き続けるのは大きなストレスのはずです。

心身に変調をきたし、最悪の場合は心の病にかかる可能性もあります。

大事なのは、自身の心の健康か、上司の評価か、どちらでしょうか？　答えはいうまでもないですよね。

また、自分自身が現在、出世競争に乗っているかどうかを考えてみてください。同僚と出世を競っているなら、会社を休むことを多少は躊躇するでしょう。

でも、出世なんて気にしていないのであれば、仮に会社を休んでダメ社員の烙印を押されても、差し障りになることは少ないと思います。

むしろ、キツイ仕事を与えられずに済み、ラクができるかもしれません。

加えて、「自分が行かなければ仕事が回らない」と考えて、休むことを拒むケースもあります。

もし休んだら仕事に穴があいて迷惑をかけるし、自分の代わりはいないと思って会社に行くパターンです。

ただ、この考えは本人の勝手な思い込みに過ぎません。

誰が休んでも代わりの人間は存在し、仕事は回ります。会社や組織というのはそういうものです。

でなければ、経営は成り立たないでしょう。

それなのに、自分が行かなければ仕事が回らないと勝手に考え、休まず働いて心身を壊してしまったら……。

損するのは自分だけだと思いませんか？

なぜか自分より会社を守ろうとする

第一に守るべきは、自分の心と体の健康です。

上司の評価や会社の仕事が回るかどうかを優先する必要はありません。このことを疑う余地はないはずです。

しかし現実はというと、自分より会社を守ろうとする人が多い気がします。

本来守るべきは自分であるべきなのに、自分を犠牲にしてまで会社を守ろうとするのは懸念すべきことであり、危険な兆候だと思います。

会社と社員の関係性に狂いが生じているのでしょう。

ひとつ例を挙げます。

「ストライキ」をご存じでしょうか。

若い人には聞き慣れない言葉かもしれませんが、労働者が会社に対して賃上げなどの労働条件の改善を要求し、集団で仕事を放棄することを意味します。

ストライキは法律で認められている労働者の権利です。労働組合を主体に行われ、日本はもちろん、世界中の労働者に保障されています。

ただ、今の日本と海外では、労働者のストライキに対する意識や姿勢は大きく異なります。私はその違いに違和感を覚えずにはいられません。

まず海外のケースから見ていきます。

2019年12月、フランスで大規模なストライキが起こりました。パリを中心に鉄道や地下鉄、バスなどの交通網は麻痺し、市民や観光客などが大混乱に陥ったのは記憶に新しいと思います。

また各業界の労働組合などのデモも実施され、全国で約80万人以上が参加したと仏メディアによって報じられました（ストライキは２０２０年に入ってからも継続し、異例の長さとなりました）。


このようなストライキはヨーロッパ各地やアメリカでも頻発し、海外では珍しいものではありません。

かたや日本ではどうでしょうか。

厚生労働省の「労働争議統計調査」によると、かつて日本で盛んに行われていたストライキは、１９７０年代半ば以降から減少傾向となり、近年ではほとんど見られなくなっています。


ストライキをやらなくなった労働組合のいい分は、それで会社が潰れたら大変、同業他社に負けてしまう、経営陣に迷惑がかかる、といったものです。

本来ストライキは賃上げなどを目的に集団で仕事をボイコットしていいはずなのに、社員の方がその弊害を恐れ、会社のことを心配しているわけですね。

社員がそこまで会社の立場を考えるのは、先進国の中ではおそらく日本だけでしょう。

ひと言でいえば、日本のビジネスマンは〝いい人〟なのです。


しかし、いい人というのは、得てして相手につけ込まれます。会社にとって都合のいいように扱われ、ツライ立場を強いられます。

そして、それをぐっとガマンします。仕方ないと泣き寝入りするのです。

不満に思いながらも、より一層会社のために頑張ってしまう人が多いのではないでしょうか。

でもそんなことをしていたら、心身に変調をきたすのはあきらかです。実際、うつ病にかかる人にはいい人が少なくありません。

自分を守らない会社に行く必要があるか

ひと昔前なら、会社が社員を守ってくれました。社員を家族のように大事に扱い、長くつき合うことを前提に面倒を見てくれました。年功序列と終身雇用の人事制度によって支えられていたわけです。

年功序列ですと、若いときは給料が安くなります。それでも一生懸命働いたのは、年を重ねるごとに昇給や昇進を望めたからです。

終身雇用だと解雇の心配はなく、定年まで雇ってもらえます。だからこそ、会社に忠誠を尽くすことができたのです。

「年功序列」と「終身雇用」は日本の高度経済成長の礎として機能しました。その立役者である社員を会社が守り続けため、好景気は長く維持されたのだと思います。

ただ、会社にそんな余裕があったのはバブル経済が崩壊するまでです。

バブル経済崩壊で一転して不景気になると、社員を守る体力が会社から奪われていきました。

失われた10年、15年、20年などといわれているうちに、その体力はないに等しいレベルになっていきました。

一方で、会社は新たな人事制度として成果主義を導入します。勤続年数や年齢を考慮することなく、成果ありきで給料を決めるようになったのです。

成果を上げなければ昇給や昇進は望めないため、会社と社員の関係はシビアにならざるを得ません。

会社は社員を守るどころか、人員削減すなわちリストラを断行するようになります。年功序列、終身雇用は完全に崩壊したのです。

若い頃、一生懸命働けば後でラクをさせ、昇給させるという暗黙の約束を会社が反故にしたのです。

会社が守ってくれないのであれば、自分の身は自分で守るしかありません。

まして会社に行きたくない思いがあるなら、なおさらです。自分を守ってくれない会社にガマンして行く必要がはたしてあるのか考えてみてください。

ひとまず休む、という発想が大切

「逃げるが勝ち」という諺があります。

ムダな戦いや愚かな争いを避けて逃げた方が、結果的に勝利や利益を得られるという意味です。

この諺は、ビジネスの現場にもあてはまります。

会社に行きたくないのに、その気持ちに逆らうのは愚かなことです。

心と体が発する危険信号を無視した行動に他なりません。

赤信号を無視したら、事故が待ち受けることになります。

心と体の健康のためには、逃げてもいいのです。

逃げれば事故は回避できますし、新たな道が開けることもあり、結果的に自分の得となるのです。

ただし、ここでいう「逃げる」は、自分勝手に会社を辞めることではありません。ルールやモラルに則り、ひとまず休む、部署の異動を申し出る、転職する、といった意味合いです。

たとえば、転職サイトに登録するのもその一歩になります。何かアクションを起こすだけで、気持ちは軽くなるものです。

前述した適応障害においても、逃げることは治療法のひとつです。ストレスの要因となっている事柄を回避することで、症状は改善に向かいます。

でも、自分は逃げられないという人もいるでしょう。

そういう人の多くは、逃げることをマイナスに捉えています。後ろめたい、汚い、卑怯だ、だから逃げるなんてできないというロジックです。

ですが、ちょっと考えてみてください。

年功序列、終身雇用の時代であったら、逃げずにガマンすることは正解といえました。ガマンに見合う見返りとして、昇給や昇進、定年までの雇用が約束されていたからです。

では今は、ガマンに見合う見返りはあるでしょうか？

見返りどころか、ガマンして心の病を患ったら、自分がリストラの対象となり、損をするだけではないでしょうか？

であるならば、「逃げる」という選択は間違いではないはずです。むしろ、自分の身を守る正しい選択です。

上司のせい、会社のせいにすればいい

会社に行くことが苦しい人は、本心では逃げたいと考えているはずです。

でも、逃げることにブレーキをかけたり、そもそも逃げることをハナからあきらめているのではないでしょうか。

その根本原因は、日本人にもっとも欠けている「やってみなければわからない」という思考だと思います。

たとえば、今の職場が自分に合わなければ、新たな職場に転職するのもひとつの方法です。

行動を起こして転職したら、もしかしたら別の職場の方が自分に合っていたり、自分を買ってくれる上司に巡り合える可能性もあります。

ただ実際どうなるかは、転職して初めてわかることです。

つまり、やってみなければわからないわけですが、日本人はそこで、やってみようとしない人が多いのです。

そして、やってみようとしない人は、職場に適応できないのは自分のせいだと考えます。仕事のスキルが身につかない、上司や同僚とコミュニケーションがうまくとれない、成績が上がらない……こうした原因は自分にあると考えて、落ち込むわけです。やってみなければわからないのに、「自分にはムリだ」「どうせうまくいかない」というように、あきらめてしまうのです。

この負のスパイラルを変える必要があります。

今の仕事や職場が合わないのは、何も自分のせいばかりではないはずです。

会社の社風が性格と合わなかったり、上司の指導法に問題があったり、クライアントとの相性が悪かったりと、自分以外の要因は考えればいくらでも思い浮かぶでしょう。

自分に合わない環境にムリして合わせようとするよりも、マッチする環境を求めてそこに身を置いたほうが楽しく、幸せになれる可能性は断然高いはずです。

また、自分に向いた仕事や職場であれば結果も出やすく、認められやすいと思います。

もちろん、やってみなければうまくいくかどうかはわかりません。

でも、やらなかったら現状のまま変わりません。

しかし、行動を起こせば、きっと現状から脱出できるはずです。

環境を変えれば気持ちも変わる

勉強も同じです。

資格試験の勉強でも学校の勉強でも、成績が悪かったときに、「自分は頭が悪い」と考える人は多いと思います。

でもそれ以外の要因があるはずです。

通っている予備校や塾の教え方が下手だったり、選んだ参考書が使えなかったり、勉強法そのものに問題があったりします。

にもかかわらず、そのように考える人は多くありません。あくまで悪いのは自分だと考えます。

これでは、いくらやっても成績は上がらないでしょう。

手前味噌ですが、私は学生向けの勉強法の本を多数執筆してきました。

受験は要領であり、正しい勉強法で学べば、公立・私立の中堅校からでも東大に合格できると確信しています。

しかし、人はなかなかこれまでのやり方を変えようとしません。新しいやり方を受け入れようとせず、変化することを嫌います。

せっかく私が新しい方法を提案しても、試そうとしない人は多いのです。

会社の話に戻ります。

苦しいのにガマンして、「ここで頑張るしかない」と頑なになる気持ちを、そろそろ解放してみませんか？

今の仕事や職場に縛られず、小休止したり、異動や転職に向けて行動を起こしてみてください。

試して環境を変えれば、きっと道が開けるはずです。

会社に行きたくない。さて、どうする?

1章の答え

◎会社を休むことを「甘え」と考え、自分で自分を追いつめる人が多い。まずはこの考え方を改めよう。

◎会社に行きたくないのは、心身の不調のサイン。軽く受けとめずに、何が原因かしっかり考えてみよう。

◎ツラかったら休み、試しに転職活動をしてみる。じっとガマンしているより、精神的にもラクになるはず。

2 章

人づき合いが どんどん億劫になるワケ

CHAPTER 2

The reason why being with other people annoys you.

前の章で紹介した働く男女1000人のアンケートでは、8割以上の人が「会社に行きたくないと思ったことがある」と答え、その理由のトップが「人間関係がつらい」でした。職場の人間関係についての悩みは、会社で働く人たちにとって永遠の課題といえるかもしれません。

最近は、会社のデスクで隣り合う相手に、パソコンからメールを送ってお願いするのが当たり前になっているそうです。

確かに、ITツールを使った方が便利ですし、上司がいる前ではいいにくい要件もあるでしょう。

それでも面と向かって、「この件なんだけどさ…」と伝えようとしないのは、できるだけ人と関わりたくない、話したくないという気持ちが大きいからだと思います。

ではなぜ、これほど人づき合いを億劫に感じるのか。

ここを突き詰めて考えていくと、会社に行きたくない原因を取り除くことができるかもしれません。

この章ではその原因について考えていきます。

広くて浅い人間関係に疲れる

昔から日本は「村社会」といわれ、同じ〝ムラ〟に属する人とは強い仲間意識を持つ一方で、ヨソ者は受け入れない排他的な面を持っていました。

会社もムラのひとつであり、社員同士の強いつながりが成長の礎となってきました。

ムラにおける人づき合いでは、何でも腹を割って話をすることができ、一晩飲み明かせるような友＝親友を求める傾向が強かったと思います。

つまり、濃い人間関係を好んだのです。

しかし、今は正反対ですね。とくに若い人は濃い人間関係を嫌がる傾向が強いと思います。

会社の飲み会でも、昔は一次会を建て前の席ととらえ、二次会に行って仲の良い人たちと本音で話すことを楽しみにしていました。

ところが今だと、ＫＹ（空気を読めない）とならぬよう一次会に出席してみんなと調子を合わせて飲んだら、二次会は面倒なので参加しないというパターンが多いようです。

つまり、狭くて深い人間関係ではなく、広くて浅い関係＝いろんな人と表面的につき合ったほうがラクだと考えているわけです。

でも、はたして本当にそうなのでしょうか。

詳しくは後述しますが、現実には広くて浅い人間関係に疲れを感じる人が増えていると感じます。

そこでは、仲間外れにされるのを恐れ、みんなに嫌われないように振る舞わなければなりません。

ムリして自分を偽る必要性が出てきます。

そのムリがボディーブローのように効いてきて、ストレスに耐えられず、心が折れる人も少なくないのです。

SNSの友達は本当の友達？

広くて浅い人間関係を象徴するのが、SNSの世界です。

自分はこんなに友だちがたくさんいて、いいね！　と押してもらう度に幾ばくかの幸せを感じる。

フェイスブックにしろツイッターにしろ、友だちが多いほど優位に立つことができる世界です。

たくさんの人とつながることを求め、そのつながりが途切れないように話題を提供し、つながりのある人の投稿に対して「いいね」を押している人は多いでしょう。

しかし、SNSのつながりは表面的なものに過ぎません。

たとえば、つながっている相手に何かお願いごとをしたとき、すんなり受け入れてもらえる可能性はどれぐらいあるでしょうか？

ほとんどの場合、あまり期待できないのではないでしょうか。私自身、フェイスブックをやってみてそのことを強く実感しました。

私がフェイスブックを始めたのは数年前のことです。

有難いことに友だち申請を次々にいただいたので、お会いしたことがある人に限り、受けていました。

すぐに400人余りの友だちたちとつながり、不定期ながら近況などを発信していたのですが、一方で有料のメールマガジンも始めることにしました。

最近はテレビやラジオでは、いいたいことをいえなくなっています。そこで私は、メルマガでは耳障りのいい常識的な意見や情報ではなく、私の本音を皆さんにお伝えし、考えるヒントにしていただきたいと思ったのです。

早速、この有料メルマガの告知をフェイスブックで行いました。400人も友だちがいるのだから、少なくとも2〜3割は読者になってくれるだろうと期待していたのですが、結果は1割にも満たない数字でした。

残念に思う一方、やはりこんなものかとも感じています。

周りにどう思われるかを気にする

グチをいいたかったわけではありません。

私たち精神科医のもとを訪れる人は、心の苦しさ——不安や不満、抑圧感などに苛まれています。

心の苦しさを和げるために、私は何に苦しみ、何をストレスに感じているのか、患者さんに質問をしながらその原因を探ります。

すると、職場や学校、友人や近所の人間関係において、周りに合わせることに疲れ果てている人がとても多いことに気がつきました。

その人たちには、共通点があります。自分が周囲に「どう思われるか」「どう見られているか」をとても気にしている点です。

つねに人にどう思われるかを気にしているので、心の休まる暇がありません。これでは、疲れ果ててしまうのは当然ですよね。

嫌われないために、周囲に合わせる一方で、素の自分を押し殺すので、だんだん窮屈になっていきます。

これが一時的なつき合いで済めば、それほど苦労はしないでしょう。一時、ガマンすればいいわけです。

でも、そうもいかないケースの方が多いと思います。

職場の上司や同僚などとの関係がまさにそうです。

同じ会社で仕事をするあいだは、嫌われないために表面的なつき合いを続けていかなければなりません。

広くて浅い人間関係というのは維持していくのがすごく疲れるのです。

欠点を認めてくれる人がいるかどうか

私の実感ですが、昔よりコミュニケーションに疲弊している人が増えています。

いいたいことをいわずにガマンし、やりたいことをやらずに抑えている日々に、心身が悲鳴を上げている人が想像以上に多い。

では、どうすればいいのか……?

答えは簡単で、嫌われてもいいから、自分の本音を隠さず、ありのままの自分を出すことです。

それが、人間関係をラクにする出発点になると考えています。

ありのままの自分を出したら、あなたのことを嫌う人も中にはいるでしょう。でも一方で、あなたを好む人も現れるはずです。

かたや、嫌われないことを優先し、自分の個性を隠し続けていたらどうなるでしょうか。誰にも嫌われずにすむ代わりに、好かれることもおそらくありません。

とはいえ、ありのままの自分を出すのは、勇気のいることだと思います。自分の個性である長所や魅力だけでなく、欠点もさらけ出すことになるからです。

しかし、欠点も含めて自分を好んでくれる人こそ求めるべきなのです。何も隠さず話せる相手がいたら、気分はどうですか？

ラクになりますよね。

勇気を持って素の自分を出したら、きっとそれを受け入れてくれる人に出会えます。

自分を出さなければ、求めるべき人には一生出会えません。

先に述べたように、友だちは多い方がいいとか、深い人間関係より浅い人間関係がラクというのが最近の流れでした。

しかし私は、心の安心感というのは、たったひとりの親友がいれば生まれてくるものだと思っています。

何でも話せて、ありのままの自分を受け入れてくれる親友がひとりいるだけで、不安や不満といった感情が芽生えても癒されるものではないでしょうか。

ストレスを共有できる親友の存在

では皆さんは、会社の中に親友と呼べる人はいるでしょうか?

「あいつなら本音をいえる」

「あの先輩なら腹を割ってつき合える」

といった深い間柄の人です。

もっといえば、自分が仕事でツラいと感じたとき、ツラいと素直に打ち明けられる人間がいるかどうかを考えてみてください。

そのような親友がひとりでもいる人といない人とでは、会社の居心地は大きく変わってきます。

いいたいことをいい合える親友がいたら、たとえば会社帰りに居酒屋に寄り、グチをこぼすこともできます。

「いやあ、あの部長、むかつくんだよね」

「部下のアイツだけどさ、全然いうことを聞かなくて腹が立つ」

などといい合って、うっぷんを晴らし、ストレスを解消することができます。

会社にいる間はイライラしていたとしても、その時間によって救われるのです。

しかし、腹を割って話せる親友がいなかったら、ストレスはすべて自分で抱え込むしかなくなります。

ストレスが蓄積し、放っておけばいずれうつ病などに発展しかねません。

真面目な人ほど嫌われることを恐れる

職場で親友がなかなかできない人は、どんな相手に対しても「これを話したら嫌われる」「こんなことをやったら変に思われる」と強く思い込み、自分の本当の姿をさらけ出せていないのではないでしょうか。

真面目な人ほどそうなりがちです。

そういう人は、上司に対しても、従順に従う術しか持ち合わせていません。結果、上司のいいように利用されてしまいがちです。

真面目な人ほど損をするというのは、本来はおかしな話なのです。

しかし実際は、本音をいったところで、相手に嫌われるとは限りません。

むしろ、拍子抜けするほどすんなり受け入れてもらえたりもします。

それまでの心配はすべて取り越し苦労だったわけで、打ち明けてよかったと安堵することでしょう。


一方で、仮に嫌われたとしても、深く悩む必要はありません。

本音で話せば、「うん、うん」と賛同してくれる人もいれば、「なんだこいつ」と冷たい目で見る人も当然いると思います。

ならば後者と仲良くすることは考えず、前者の賛同してくれる人とだけつき合えばいいのです。

自分と意見が合わない人にまで好かれる必要はあるでしょうか？

ないですよね。

本音を明かすことで、人間関係のスクリーニングができると考えたらいかがでしょうか。

嫌われたとしても、一時的なことの場合も多いはずです。

よほど心をグサッと刺すような言葉を口にしない限りは、相手もたいていの場合、翌日には忘れているものです。

本人が思うほど、相手は気に留めていないケースは少なくありません。

誰もネクタイの色を当てられない

人間は自分のことを一番に気にします。他人のことは二の次で、興味関心は低いといえます。

自分だけが過剰に意識して、他人は何とも思っていない場合が多いのです。

たとえば、私は講演会で話す際に、話の途中で、つけていたネクタイを上着にすっぽり包み込み、「皆さん、今日の私のネクタイの色を覚えていますか?」と問いかけることがあります。

すると会場のほとんどの人が覚えていません。

講演会の主役は私、にもかかわらずです。

私のことをずっと見ているようで、その実、それほど見てはいないのです。他人への興味関心がいかに低いかがわかるでしょう。

職場の人間の興味関心も同様です。

あなたが何をいおうが、何をやろうが、さぼっていようが、周りはたいして気に留めていません。

いちいち人のことなんか構っていられないわけです。なのに、それを気にするのは自意識過剰でしかないですよね。

ですから、いいたいことがあったらガマンせずにいえばいいですし、やりたいことがあったら抑えることなくどんどんやればいいのです。

自分のありのままの姿を出すことを躊躇する必要はないでしょう。

強そうな人ほど突然心が折れる

それでも、自分をさらけ出せず、本音を押し殺し、なんでも周りに合わせてしまう人はいます。

ただ、そのガマンにも限界があります。

「○○さん、最近会社に来てないね。どうしたのかな……？」

というように、ある日突然、会社に行くことができなくなる人を、私は何人も診てきました。

ガマンの限界に達し、心がポキンと折れてしまった人たちです。

じつは周りから見ると一見、強そうな人ほど脆いものです。

そういう人ほど、弱音を吐かず、助けを求めない、最後まで自分ひとりでやり抜こうとしてしまうからです。


自分自身に甘えを禁じているわけです。

彼らは自分を律することができるので、たしかに強そうに見えます。

でも、それが逆に自分を追い込むことになり、ある日突然、心がポキンと折れてしまうのです。


では、弱音を吐き、助けを求めることができる人はどうでしょうか。

苦しいのは同じです。でも、いつの間にか立ち直っています。気持ちをうまく切り替えてまた元気になっています。

心が折れそうで折れないのは、ツラいときにツラいといえるからです。ひとりでぼやくのではなく、こぼせる相手がいるからです。

何でもひとりで抱え込むと、苦しさは増すばかりです。

人に頼らない、人に甘えない、という姿勢を続けていたら苦しみはずっと続きます。

その苦しさを耐えることを、強いというでしょうか？

私はそう思いません。

苦しいときにその苦しさを打ち明け、助けを求めることができる人の方が、柔軟でしなやかな強さを持っています。

きっと、たくましく会社生活を乗り切っていけるはずです。

こちらの方がマシと考えられるかどうか

弱音を吐く自分を、情けないと感じる人は多いと思います。

その情けない姿を人に見せるのは抵抗があるでしょう。

職場で心を許せる人に対してさえ、「泣きつくことなんてできない……」と悩むかもしれません。

では、どうしてそう考えるのでしょうか。

つらいこと、弱音を吐くことを、恥だと思っているからです。

「うまくやれないのは自分のせい」と思い込み、情けない自分を人にさらしたくないと考えます。

そのため、周囲につらいことを隠している人は少なくありません。

でも、そうやってひた隠していると、いずれうつになり、心の病に苦しむ危険性が高まります。

うつ病を望む人はいないはずです。苦しい状況から早く抜け出したいでしょう。

それには、24ページで説明したように、「かくあるべし思考」や「二分割思考」に縛られないことが大切です。

また、日本人は苦手としていますが、「〇〇の方がマシ」と考えることで心は軽くなります。

「まだこちらの方がマシ」と思える人は、現実的なところで妥協できます。

たとえば、次のような感じです。

「今日会社を休む方が、うつ病になってずっと休むよりマシじゃん」

「ツラい思いを誰かに話して惨めになったとしても、誰にもいわずにイライラするよりマシじゃん」

「みんなに嫌われるわけではない。ひとりやふたりなら嫌われてもいいじゃん」

というふうに思えるかどうかです。

もちろん、妥協すればいいという話ではありません。

ただ、本当にどうにもならないときには、こういう考え方をして自分をラクにしてあげることも大切ではないでしょうか。

ガマン代として給料をもらう？

この章のはじめに、周りの人に合わせることで、息苦しさを感じ、疲れてしまっている人が増えている話をしました。

職場でも、「みんなに合わせなくちゃ」「みんなと同じでなくちゃ」という意識が強すぎる人が多いように思います。

しかし、考えてみてください。職場の人間の意見にすべて同調できるわけではないはずです。

むしろ、意見に対して「そうとは限らないんじゃないか」と疑問を持つことの方が多いかもしれません。

「Aさんの意見は納得できるけれど、Bさんの意見には同意できないな」となるのが普通です。

Bさんの意見に同意できないことが続けば、「どうやら自分はBさんとはウマが合わない」と気づくでしょう。

対人関係において、「合う」「合わない」は必ずあるものです。人間ですから、相性があるのは当たり前です。

また、職場に自分が合う、合わないということもあります。

ミスマッチな環境でうまくやろうとしても、ただでさえ面倒な人間関係がより面倒になるのは目に見えています。

上司とウマが合わない、職場の雰囲気が自分に合わない環境で仕事をしていても、成果はなかなか上がらないでしょう。

あなたの評価は高まらず、むしろ低くなると考えた方がいいはずです。

「合わない職場でよく頑張っているね！」と好意的に受け止めてくれる人は少ないでしょう。

ガマンしていいことがあれば多少は救われますが、いいことは何ひとつ期待できないわけです。


そのうち、ガマンすることが目的になってしまったらもっとやっかいです。

本来、ガマンはプロセスであり、その先に目指す成果があります。

でも、ガマンが目的化するとこんなふうに考えるようになります。

「会社に行きたくないけど、ガマンして行けば給料をもらえる」

つまり、ガマン代＝給料という考え方に陥ってしまうのです。

はたして成果を上げない人間に会社は給料を払い続けるでしょうか？　そんな余裕のあるところはもうないですよね。

このあたりの話は改めて3章でも詳しく話します。

人づき合いが億劫になるホルモン

ここまで、人づき合いが億劫になる原因や背景を説明してきました。自分にあてはまる部分もあったでしょうか。

最後に、少し違った角度からこの問題を話していきます。とくに中高年男性にお伝えしたい、心身の変化によるものです。

「男性ホルモン」という言葉を聞いたことはありませんか？

男性特有の男らしさや思考回路を司るホルモンのことです。

男性ホルモンは年齢を重ねるごとに減少していき、それによって様々な心身の不調を引き起こします。

中高年になって人づき合いが億劫になるのもそのひとつです。

「なんだか最近、人と話すのが面倒だな」などと感じるのは、人間関係に原因があるとは限りません。

年齢による自身の男性ホルモンの減少という理由も考えられるのです。

中高年になったら男性更年期障害を警戒しなければならないわけですが、自身では見逃してしまうことが少なくありません。

というのも、人づき合いが億劫になるとか、最近疲れやすいからといって男性更年期障害を疑う人は少ないでしょう。

男性更年期障害によって起こるさまざまな症状を知らなければ、「年齢のせいかな？」と思うのがオチだからです。


また、医者でも診断を誤るケースが少なくありません。

多いのは、心身の不調から精神科を受診すると、うつ病などと間違われるパターンです。本来は男性更年期障害であるため、薬を出されて飲んでも回復せず、悩み続けることになります。


では、男性更年期障害かもしれないと思ったら、何科を受診すればいいのか。

一般的には泌尿器系が窓口です。血液検査を行ってテストステロンの値を調べれば、男性更年期障害かどうかは判断できます。

見逃して放置すれば重症化する危険性もあります。

中高年になって人間関係に悩んだり、心身の不調を感じたら、男性更年期障害も視野に入れるようにしてください。

2章の答え

◎周りにどう思われるか、気にするのをやめよう。気にしていたら、どんどん心が疲れていく。

◎嫌われてもいいから本音を伝えよう！　嫌われるかもしれないが、好きだといってくれる人もいるはず。

◎ＡよりＢの方がマシ、と考えられるようになれば、気持ちもラクになる。「マシ思考」で心を軽くしよう。

3章

ガマンしない生き方——「安楽生」のすすめ

CHAPTER 3

DON'T FORCE YOURSELF TO STAND AND ENDURE : TAKE IT EASY.

フロイト、ユングと並ぶ心理学界の巨匠アルフレッド・アドラーのことをご存じの人も多いでしょう。

『嫌われる勇気』に代表されるアドラー本は、今も根強い人気を得ているようです。私自身もアドラーに関連した書籍をいくつか執筆しました。

アドラーはこう唱えています。

「人生はいつでも自分で選択できるものであり、過去にどんなにつらいことがあったとしても、これからどう生きるかには関係がない」

つまり、人生とは、生き方や考え方次第で、いくらでも変えることができる。そうアドラーはいうのです。

もし、いまあなたが自分の生き方に悩み、それがもとで会社に行きたくないとか、毎日がツラいと感じているならば、少し考え方を変えてみたらどうでしょうか。

3章では、あなたの考え方や生き方を変えるヒントを紹介していきます。

心穏やかに楽しく生きたい

私が皆さんに提案したいのは、「安楽生」という生き方です。
「安楽死」から思いついた造語なので、一般的に知られている言葉ではありません。
「安楽」は文字どおり、穏やかで楽しいことを意味します。
ですから「安楽生」は、心身ともに穏やかで楽しく生きることを指します。

しかし、いくら安楽に生きたいと思っても、現実の社会ではそうもいかないことが多いでしょう。

たとえば、食事ひとつとっても、自分の好きなものを好きなように食べることは難しいものです。

あなたが健康診断をして、血圧や血糖値が基準値より高かったとします。あなたは医者に薬を飲むよう指示された上に、甘いものはガマンしろとか、お酒やタバコはやめなさいとか、生活習慣の改善を迫られるでしょう。

医者のいうとおりにしていたら、好きなものは食べられません。お酒もタバコもやめなければならない。

これではストレスが溜まり、安楽に生きるのは難しいでしょう。むしろずっと苦痛を強いられた人生になります。

医者のいうとおりにして、血圧や血糖値が下がれば安心するかもしれません。

しかし、血圧も血糖値も高いと頭が冴えて、逆に低いと体がだるくなる人が中高年以降は一般的です。もちろん個人差はありますが。

血圧の正常値はころころ変わりますし、血糖値も然りです。

血圧も血糖値も、どこまで下げれば正常であるのかは、じつのところよくわかっていないのです。

となると、医者のいいなりになるのではなく、自分の意志で医療を選択したほうがいいのではないでしょうか。

その究極が、安楽死です。

終末期の患者が、これ以上苦しみたくないという思いから、延命のための措置を自らの意志で中止します。

場合によっては、死に至る注射を受けることもあります。

日本では安楽死は法律上、認められていませんが、世界ではスイスなど一部の国で法的に認められています。

ただ、安楽死よりもっと大事な選択があります。

それが前述した「安楽生」です。

死ぬ間際に医療を拒否して、残された人生を安楽に過ごすのも生き方のひとつだと思います。

しかし、それ以上に重要なのは、元気なときに安楽な生き方を選ぶことではないでしょうか。

たとえ体に悪いといわれても、好きなものを食べ、好きな生活を送るのもひとつの選択です。

また、人づきいが苦しければ、好きな人とだけつき合う。職場に行くのがツライなら、転職活動をして自分に合う仕事を探す、というのもひとつの選択です。

医療、人間関係、職場……すべてにおいて選択権は自分にあります。安楽になれる道を選べば、安楽な生き方ができるのです。

ガマンをやめれば幸せになれる

しかし、いまだに多くの日本人は、「ガマンすることは美徳」と考えています。これは日本の間違った教育によって根付いた、〝根性論〟によるものです。

学校現場では、ガマンすることはいいことであると教え、ツラい経験を積み重ねていけば、いずれ幸せがやってくると指導します。

しかし、ツラいことを耐えた先に、本当に幸せはやってくるのでしょうか？

そもそも、将来のために今を犠牲にする生き方で本当にいいのでしょうか？

たとえば、自分に合わない仕事に就き、ガマンして働いていたとしましょう。

あなたはつらいけれど、耐えることが成長につながると信じています。しかし、成績はいっこうに上がりません。

会社は、そういう人をどう評価するでしょうか。

けっして会社は「ガマンしてよく頑張っている」とは見てくれません。これではガマンするだけ損ではないでしょうか。

なのに、いいことがひとつもないのに、日本人はガマンすることを、いいことをしているととらえてしまいます。

では、自分に合わない職場に見切りをつけ、自分に合う仕事を探して転職したとします。

転職先の仕事が肌に合い、人間関係も良好であれば、仕事はどんどん楽しくなっていくはずです。

そうなれば会社からは評価され、出世への道が開くかもしれません。給料のアップも望めるはずです。

幸せな未来が待っている可能性が十分あるでしょう。

もちろん、成長し、成果を上げるにはガマンを必要とする場面もあります。

ツラいならすぐ辞めればいいといっているわけではありません。

問題は、苦しさしかないのにガマンすることです。得るものが何もないのに、耐える必要があるかどうかを考えてみてください。

ガマンをしたら幸せになれるのではありません。

ガマンをやめたら幸せになれるのです。私はそう信じています。

人生の後半は好きなことをして生きる

ガマンするのをやめたら幸せになるというのは、私自身が実感していることです。

先ほど健康診断の話をしましたが、私は血圧や血糖値の数値に問題があったとしても、医者のいいなりにはならないと思います。

年をとって体がだるくなってきているのに、さらにだるくなる医療を受け入れて、不快に感じながら残りの人生を過ごしたくないからです。

私はある時期を境に、ガマンすることをやめ、自分の願望のままに生きようと考えるようになりました。

今、精神科医や大学教授を務める傍ら、映画製作に力を注ぐのもそのひとつです。もう10年以上映画をつくり、有り難いことに2007年には『受験のシンデレラ』で海外の映画祭で最優秀作品賞などを受賞することもできました。

映画監督という仕事はかなりの重労働です。早朝から夜遅くまで、現場にずっと立ち会っていなければいけません。

監督だから当然ですが、外で撮影するときは通行を遮ることになるため、ドライバーや通行人からボロクソに文句をいわれるなどきつい目にあうことも多々あります。

また、映画を1本撮るのには莫大な資金を必要とします。資金集めに奔走しなければならず、なんとか資金を集めていざ撮影を始めても、1日2日撮影が延びると100万200万のお金がすっとんでしまうような世界です。

そんな苦労もあってか、芸能人や文化人が映画を撮っても、たいてい1作、せいぜい2作で終わります。

私の場合、映画製作は喜びであり、好きで楽しいから続けられています。

映画のほかにも、これはもっと前からやってきましたが、独自の受験勉強法を書いて、何冊も出版してきたのもそうです。

また、医学界の常識に反し、高齢者の血圧や血糖値は多少高くてもいいと主張し、ろくに貯金もないのに愛するワインにお金を費やしてしまうのも、自分の願望に素直に従っているまでのことです。

周りに自分を合わせ、ガマンすることを心がけて生きてきたら、今の私はないと思っています。

日本には腕のいいカウンセラーが少ない

ガマンしてストレスを溜め込むと、免疫機能が低下し、癌になりやすいのですが、さらに、うつ病に発展する可能性が高いことにも注意が必要です。

一旦、うつ病になったら、10年20年のレベルで精神科に通い続けなければならないケースも珍しくありません。

なかなか治りにくいのは否めないわけですが、それには治療の方法や精神医学界の事情が少なからず関係しています。

うつ病の治療は、主に2つの方法があります。

ひとつは、抗うつ薬を処方する「薬物治療」で、もうひとつは、医師や臨床心理士などが患者さんと対話をしながら、問題を解決する方法を探る「精神療法（カウンセリング）」です。

どちらが効果的かは、患者さんのタイプや症状などによって異なります。

うつ病になると脳のセロトニンと呼ばれる神経伝達物質が減ってきて、それを補うために薬が投与されます。

ただし、薬がよく効く人は患者全体の半数程度です。

一方、脳のセロトニン不足というハード面ではなく、ソフトの故障に原因があるとする見方もあります。

このソフトの故障をカバーするのがカウンセリングです。

薬の治療が効かなければ、カウンセリングを試してみたいと考えるでしょう。

しかし、日本の精神医学界は、カウンセリングによる心のケアを軽視しているのが実状です。

とくに、日本中の内科や外科の大学医学部教授がカウンセリングを軽視しているため、大学教授が選挙で決める精神科の主任教授で、カウンセリングを専門とする人はひとりもいません。

薬の治療が主流のため、カウンセリングによって救えるはずのうつ病の患者さんを救えないでいるわけです。

私はカウンセリングを専門とする精神科医ですが、カウンセラーの絶対数はあきらかに少なく、腕のいいカウンセラーとなるとごく少数に限られます。

ですから、うつ病にならないよう自分で予防することも大切です。

上手にものの考え方を変え、苦しみから逃れる生き方を学ぶ必要があるのです。

悪いのは自分ではなく、相手の方では？

うつ病の患者さんやその予備軍といえる人は、自分のことをダメな人間だと思い込んでいることが少なくありません。

たとえば、仕事の成績が上がらないのは自分のせい、上司に認められないのは自分のせい、人間関係がうまくいかないのは自分のせい……というように、何でもかんでも自分を悪者にして考えがちです。

もちろん、すべて自分が悪いなんてことはめったにないことでしょう。

先の例でいえば、仕事の成績が上がらないのは、仕事の内容が自分に合っていないから

とも考えられますし、上司との相性がよくないから、職場の雰囲気が自分に合わないから
とも考えられます。

これは冷静に考えれば、誰でもわかるはずです。

しかし、ストレスを溜め込み、心身ともに疲弊してくると、冷静に考えられなくなります。

思考を鈍らせるのは、マイナスの「自己評価」です。

最近話題のキーワードにいい換えれば、「自己肯定感」が低い状態にあるため、自分のことを信じられなくなっているのです。

自己肯定感とは、自らの価値や存在意義を積極的に認める感情です。

何でも自分のせいだと決めつけると、自己肯定感はどんどん下がっていきます。自らの価値や存在意義を認められなくなっていくわけです。

すると、仮に上司の指導法に問題があったとしても、それで結果を出せない自分の方が

悪いと考えてしまいます。

そうなると、自分を責めるばかりで、上司に異動を申し出る、転職活動を始めるなどして、自ら環境を変えようとは思わなくなってしまうのです。

短所を克服しようとしない

自分に自信を持てない――自己肯定感の低い人が増えているように感じます。自分を否定する考え方、生き方は苦しいばかりです。
でも、自己肯定感はずっと低いままというわけではありません。考え方次第で高めることができます。

では、どうしたら自己肯定感を高められるのか。

まず大事なのは、ダメな自分も含め、ありのままの自分を認めることです。

人間は多面的な存在であり、長所もあれば、短所もあります。

自分のいいところ、ダメなところを認識して、すべてを肯定して受け入れることが大切です。

そのうえで、短所ではなく、長所に目を向けます。できないことにこだわらず、できることを伸ばすようにするのです。

精神療法のひとつである森田療法でも、できることに目を向けてもらうことを重視しています。

森田療法とは、明治時代、東京帝国大学医科大学（現在の東京大学医学部）を卒業した森田正馬によって創設された精神療法です。

たとえば、人と話をするときに、顔がすぐに赤くなるのをコンプレックスに感じている人がいます。

いわゆる赤面症と呼ばれる症状です。

こういう人は、「自分は顔が赤くなるから、人に嫌われるんだ」と思い込んでいます。

相手は気にしていないケースが多いのですが、本人はそうは思いません。どうにかして治したいと考えます。

しかし、治したいと思っても、顔が赤くなる悩みは消えず、気持ちがどんどん落ち込んでいきます。

自己肯定感は極めて低い状態にあるといえるでしょう。

私が実践する森田療法を用いたカウンセリングでは、最初に「顔が赤くならなくても、人に嫌われる人はいること」を伝えます。顔が赤くなるという症状にとらわれないようにするためです。

そのうえで、顔が赤くなるのを治そうとするのではなく、人に好かれる努力をしてみたらどうかとアドバイスします。つねに笑顔を心がけるなど、自分のできる範囲で考えてもらいます。

すると次第に、「顔が赤くても人に好かれること」に気づき、顔が赤くなってもいいんだと思えるようになります。自分を認められるようになり、自己肯定感が高まるきっかけになるのです。

まずは自信をつけることが先

自己肯定感を高めるには、できないことを克服するのではなく、できることに取り組み、自信をつけるのがポイントになります。

しかし、ビジネスの現場では、苦手な仕事を克服しようとしてもがいている人が少なくありません。もがいてもうまくいかないため、自信をつけるどころか、どんどん自信を失っていくのです。

教育の現場でも同様のことが起きています。

私は子どもの教育本も多数執筆しているのですが、子どもに苦手科目と得意科目がある場合、親は苦手科目を克服させようとします。

しかし、そんな勉強の仕方をしたら、子どもはどうなると思いますか？

勉強をしてもなかなか点数が伸びず、「自分はバカだ」と思い込み、自信を失い、勉強嫌いになってしまうでしょう。

優先すべきは、得意科目の方です。得意科目をたくさんやらせて「自分は賢いんだ」と自信をつけさせることが大事なのです。

その後に苦手科目をやらせてみてください。根底に、自分に対する自信がありますから、前向きにトライして、これまではできなかった算数の問題などもクリアできるようになるはずです。


話を仕事に戻します。

苦手な仕事を克服することは後回しにして、まずはできること、得意なことに取り組んでみてください。

そのためには、前述したように、異動や転職によって環境を変える必要があります。実際、「自分の長所」と「今の仕事」がミスマッチである人は少なくないようです。

たとえば、ITスキルが高いのが長所、人と接するのが苦手なことが短所だったとします。もしその人が営業の仕事に就いていたら、あきらかにミスマッチです。苦手を克服しようと頑張っても成果はなかなか出ず、次第に自分の価値を認められなくなっていくでしょう。

そんなときは、ITスキルを活かせる部署へ異動を願い出る、またはスキルを活かせるSEなどの仕事を求めて転職した方がよほど生産的でしょう。

能力を発揮できる環境に身を置くことで、徐々に自己肯定感は高まるはずです。環境を変えることで自信を育ててほしいと思います。

いじめた人を見返すために勉強した

もうひとつ、自己肯定感を高めるために欠かせないものがあります。

それは、「成功体験」です。

仕事でも勉強でも、〝勝つ経験〟なくして自己肯定感は持てません。

勝つことで気持ちは前向きになります。プラス思考に切り替わり、自分の力を信じることができるようになります。

じつは私も、成功体験に救われたひとりです。

これまで書いた本に何度か書いていますが、私は小学校から高校まで、ずっといじめられっ子でした。我が強く、協調性もなく、人の悪口をいっていましたから、嫌われて当然でした。

私は考えました。みんなを見返するにはどうしたらいいだろうか、と。

スポーツは得意でないし、取り柄といえば勉強だけ。勉強でなら自分の力を発揮できると思い、日本の最難関である東大医学部を目指しました。


しかし、進学校に在籍していたとはいえ、そこでは劣等生でしたから、目標達成は簡単だったわけではありません。

その後、試行錯誤のうえ、要領よく受験勉強する方法を編み出したことで、現役での合格が叶いました。

もちろん、合格したからといって、いじめた人たちを見返せたかどうかはわかりませんが、そのときの私にとって東大医学部に進んだことで自己肯定感が高まったことは事実です。

もし挑戦していなかったら、いじめられたことを一生引きずっていたかもしれません。

残念ながら、日本の教育現場では成功体験を味わうことが難しくなっています。

勉強でも運動でも、順位をつけなくなっているからです。競争をさせないのは、この国の教育政策の一番の問題点といえるでしょう。


たしかに子どもたちは、順位での優劣がつかないことで傷つかないですむかもしれません。しかし、競い合って勝利をつかむ成功体験がなければ、自己肯定感は育まれません。


競争を回避するのではなく、競争の場を増やしてあげるべきだと思います。

勉強が苦手な子は、運動で一等賞をとることで自信が育まれます。

一方、運動が得意でない子は、勉強で認められることで自分を信じることができるようになるのです。

50歳から転職しても遅くない

いずれ人生１００年時代が到来します。

平均寿命が延び、日本はさらに超高齢社会になるでしょう。

これまで定年は60歳でした。

しかし今後は65歳、70歳と延びていくはずです。それだけ働く時間が長くなっていくわけです。

もしあなたが会社で嫌々仕事をしていたら、どうなるでしょうか？　人生１００年時代になると、ガマンしなければならない時間もその分長くなります。

ストレスに押し潰されないためにも、自分に合わない仕事は早々に見切りをつけ、〝適職〟を探すべきでしょう。若いうちに自分に合った仕事を見つけられれば、長く充実した日々を過ごせます。

若いうちだけではありません。

たとえば今50歳であっても、仕事のミスマッチを感じているのならば、思い切って転職すべきだと思います。

これまでのように、定年が60歳であれば、「残りあと10年、給料をもらうためにガマンして働こう」という選択もできたはずです。

でも今後は、50歳の時点で定年まで残りあと15年、20年とあるわけです。とてもガマンし続けられる長さではありません。

もちろん、その年齢で転職するには、新たな〝武器〟が必要でしょう。

たとえば、簿記2級以上の資格を取って経理の仕事に挑戦する、介護の資格を取得して介護士になるなど、資格は武器になり得ます。

私が教鞭をとる大学では、定年後、臨床心理士を目指して入学する元サラリーマンの方が毎年2〜3名います。

私自身も、還暦を前にして、生き方を見直そうと考えています。

理想をいえば、好きな映画製作を本職にして、医者や大学の仕事は減らしていきたいところです。

医者や大学の仕事が嫌いではないので、今後も続けますが、映画製作に重点を置いて生きていくのが私の望む生き方です。

人生100年時代は、働き方、生き方を自分でデザインしていくことがますます重要になってくると思います。

ちなみに、日本と欧米では、「定年」に対する考え方が異なります。

日本人は、「定年」を「会社から追い出される年」と考えます。

だから定年を迎えた途端、何もやることがなくなり、老け込む人が多いのです。

対して欧米の人は、「定年」を「労働から解放される年」と考えます。

収入を得るという役目を終え、以降は自分または夫婦で楽しむために時間を使い、第二の人生を有意義に過ごします。

日本流と欧米流、どちらが幸せか。もちろん人それぞれですが、改めて考えてみてもいいでしょう。

「会社に行く＝働く」はもう古い？

安倍内閣は「働き方改革」を掲げ、多様な働き方を推進しています。厚生労働省の定義によれば、労働者がそれぞれの事情に応じた多様な働き方を、自分で選択できる社会の実現を目指すための改革としています。

図らずもコロナウイルスの感染拡大により、リモートワークが広がりましたが、そうでなくてもこれまでの会社に行く＝働くという固定観念はなくなっていくでしょう。働き方はひとつではありませんし、仕事の種類もたくさんあります。多様な選択肢の中から、自分に合った働き方や仕事を見出せばいいのです。

今、引きこもりの人が増えていますが、家から出なくても仕事はできます。会社に行くのが本当にツラく、でも生活していかなければならないなら、自宅で株投資やネット販売などをして稼ぐのもひとつの方法です。

その方が自分に合っているなら、会社で働くことにこだわる必要はないですし、自分にとって楽しい人生を送れるのはどちらか考えても答えはあきらかでしょう。

欧米のように、仕事を労働と割り切って、収入を得ることを目的に働くなら、選択肢はもっと増えると思います。

たとえば、人が嫌がる仕事ほど実入りはよくなります。

極端な例ですが、私が福島の原子力発電所の廃炉作業を行う会社のメンタルヘルスケアのボランティアをしている中で聞いたところによると、除染の作業員はかなりの高給取りのようです。

誰かがやらなければならない仕事ですから、引け目に感じる必要はないはずです。

繰り返しになりますが、働き方、生き方には多様な選択肢があります。そのことを心得ておくとずっとラクに生きられるようになるでしょう。

3章の答え

◎嫌なこともガマンをしていれば、いつか報われて幸せになれる？　否、ガマンをやめれば幸せになれる。

◎「悪いのは自分」と考えるのをやめよう。悪いのは相手や周りの環境であると考えてみよう。

◎定年が70歳になれば、50歳で転職してもあと20年ある。嫌な職場にしがみついている場合ではない。

4
章

怒り、不安、焦り…
悩みのもとを取り除く一問一答

CHAPTER 4

Q & A : How to get rid of anger, anxiety and impatience.

この章では、「会社に行きたくない」と感じる人たちのリアルな悩みに耳を傾け、その対処法や心の持ち方についてアドバイスしていきます。

思い当たる悩みも多いかもしれません。当事者になったつもりで読んでみてほしいと思います。

Q01

転職した会社は若い人が多くて馴染めません

A01

半年たっても馴染めない会社は辞めていい

転職して新しい職場に移ったら、慣れるまでにある程度の時間がかかると思います。その間、慣れないことによるストレスや居心地の悪さは多少ガマンする必要があるでしょう。

問題は、いつまでたっても慣れなかったときの対処法です。

いくら事前に、その会社の社風や年齢構成をリサーチしても、実際に働いてみないと人間関係や雰囲気はわからないものです。

前に勤めていた会社が古い体質で、年配の上司の頭が固く、アフター5のつき合いも多くて面倒だと思い、若い人が多いベンチャー企業に転職したとしましょう。

若い人が多いから、面倒なつき合いはないだろうと思って転職した。その点は予想通りだった。

しかし、若い人のノリについていけないとか、年長の自分に敬意を表してくれないとか、別の不満が出てきた……というのはよくある話です。

そこで、「若い人が多い会社はこういうものか」と思って、社風に自分を合わせていければ問題ないでしょう。

しかし、どうにもガマンできないのであれば、「転職したばかりだし、ガマンしよう」などと思わずに、再度の転職を考えていいと思います。

私は患者さんに、「出した薬が合わなかったらすぐいってくださいね」というようにしています。

薬の効果がないと思えば、どんどん薬を変えていきます。

「あなたに合う薬を探しますね。それが見つかればきっとよくなりますよ」と伝えると、患者さんも安心してくれます。

この薬がダメだったら自分はもう治らないかもしれないと不安に思うこともなく、治療に希望が持てるのではないでしょうか。

選択肢をたくさん持つ、ということは心の安定にとってとても大事なことです。

ですから、転職して半年ぐらいして、どうもこの会社は自分に合わないと思ったら、躊躇せずに新たな転職先を探した方が、精神的にはずっといいと思います。くれぐれもガマンは禁物です。

Q 02 否定的な上司が嫌で会社に行くのがつらい

A 02 上司に好かれようと思わないことです

一生懸命仕事をしているのにそれを評価してくれず、否定ばかりする上司だったら、部下は大変な苦痛を味わいます。

会社に行くのがツラくなって当然ですね。

ただ気になることがあります。嫌な上司に対して、普段あなたがどのような気持ちで接しているかです。

気に食わないと思いながらも、その上司に好かれなければならない、という気持ちで日々接しているのだとしたら注意してください。

あなたは自分の気持ちに嘘をついているわけですから、次第に上司のことだけでなく、本心を偽っている自分のことも嫌になっていくでしょう。

そこで、こう考えてみてはどうでしょうか。

そもそも仕事ですから、上司に好かれる必要などありません。仕事と割り切って接すれば、多少なりとも気持ちはラクになるはずです。

上司とはビジネスライクな関係を心がけることを前提としたうえで、3つの対処法を提案します。

まずは、上司に対する悩みを信頼できる人に相談することです。自分ひとりで抱え込んでも、問題は解決しません。むしろ苦しい思いをすることになります。

ガマンが限界を超えないうちに社内の信頼できる人に上司のことを打ち明けて、相談に乗ってもらうべきです。

相談相手は自分よりキャリアを積んでいる先輩がベストだと思います。様々な経験をしてきたはずですから、その経験をもとにどう対処したらいいか的確なアドバイスをしてくれるでしょう。

もしかしたら同様の思いをしたことがあるかもしれません。「じつは昔、俺も……」と打ち明けるなど、より親身になってくれるはずです。

ただし、相談に乗ってもらえるかどうかはそれまでの関係性次第です。関係性が薄ければ、真剣に相談に乗ってもらえる可能性は低くなります。

いざ困ってから頼るのではうまくいかないものです。この人は信頼できると思ったら、普段から関係を築いておくことが大切だと思います。

次は、仲間を探して不満をいい合うことです。

自分と同じく、その上司を嫌っている人は社内にいるものです。社内で同じように上司を嫌う仲間を探して、うっぷんを晴らすのがおすすめです。

昼休みにランチを一緒に食べながらでもいいですし、アフター5に一緒に酒を酌み交わしながらでもいいと思います。互いに上司の不満や愚痴をいい合えばストレス解消になるでしょう。

そういう相手がひとりでもいれば、救われるものです。

最後は、辞めることを決断する、です。

ガマンが限界を超えたらうつ病になりかねません。

そうなってからでは遅いので、もうムリだと思ったら、会社を辞める決断を躊躇なくすべきです。

ただ、嫌な上司はどこの職場にもいるものです。

転職することが解決に結びつかないこともあるので、前述したように、嫌な上司とは割り切ってつき合うようにする一方で、信頼できる相談相手や不満をこぼせる仲間をつくるよう心がける方がベターかもしれません。

Q03 上司のつまらない雑談につき合いたくない

A03 雑談の聞き役になってはいけない

説教や自慢も含め、話し出したら止まらない上司は多いでしょう。

上司の話を聞くのは部下の務めです。仕事の指示なら尚更です。うっかり聞き逃したりしたら、大きなミスにつながりかねません。

では、雑談はどうでしょうか？

仕事に関連した雑談であれば聞いた方がいいでしょう。

でも仕事とは関係ない雑談で、しかも話が長くて、つまらなければ、そんな話には誰もつき合いたくないはずです。

だからといって、無視するのも難しいでしょう。

結局、上司のつまらない雑談に相槌を打ち、関心があるように装って聞いてしまう人も少なくないと思います。


本音では、上司のつまらない雑談につき合って時間をムダにしたくないはずです。

それをガマンしてつき合うのは、上司と部下が利害関係にあるからでしょう。

仕事と関係のない雑談とはいえ、話を聞かなければ自分に不利益が生じるかもしれないと考えてしまうのです。

真面目な人ほどそうした思考に陥ります。

けれど現実には、上司の話を聞かなったくらいでペナルティを受けることは考えられません。仕事に支障がないわけですから、雑談につき合いたくなければつき合わなくていいのです。

にもかかわらず、上司の機嫌が悪くなるのを恐れて話につき合っていたら、損するのは自分だということを自覚すべきでしょう。

というのも、多くの人は上司のつまらない雑談をうまくかわしているわけです。

そんな中で嫌な顔をせずにつき合ってくれる相手がいたらどうなりますか？　上司は嬉しいですよね。

結果、あなたに雑談の聞き役が回ってくるのです。トランプのババ抜きでいえば、ババを引かされる損な役回りを担うハメになるのです。

ですから、この質問への答えは「逃げる」ことです。雑談の聞き役から早く抜け出すことです。

たとえば、上司のつまらない雑談が始まりそうになったら、「すみません、すぐに片づけなければならない仕事があるので……」と、仕事を理由にその場を外せばいいのです。

「打ち合わせに行ってきます」とか「ちょっとトイレに……」など、いいやすい理由を考えておけば逃げやすいと思います。

損な役回りは回避しましょう。

Q04 部下の世話をするのが苦痛です

A04 会社のことより自分のことを考えた方がいい

今度は、上司からの相談ですね。

こうした悩みをもつ人が今、40代、50代で少なくないと聞きます。

もちろん、一般的には上司になれば部下の面倒を見るのが当たり前でしょう。

自分のことだけでなく、部下のことにも気を配らなければならないわけです。それも給料に含まれていると考えるのが、会社の常識でしょう。

しかし、最近は人手不足の影響もあって、上司も自身がプレーヤーとしてハードに働きながら、部下の面倒もみなければならないケースが多く、そうした業務は大変な苦労を伴います。

部下によっては何度教えても覚えられず、ミスを連発するなど、思いどおりにならないことも多いでしょう。

結果、部下の世話をするのが煩わしくなってしまうのは、ある意味仕方のないことだともいえます。

ひと昔前であれば、部下の世話で生じる苦労も報われました。

年功序列、終身雇用が約束されていたからです。

年齢を重ねれば相応のポストに就けて、ある程度満足できる高給を得られ、定年まで確実に働かせてもらえました。

しかし、能力主義となった今はそういうわけにはいきません。

部下を一生懸命世話しても、チームの成果が出なければあなたの評価は上がらないでしょう。

ポストも給料の見返りも期待できないのです。

もしすでに出世コースから外れていて、40代後半とか50歳にもなる年齢であれば、部下を育ててほしい会社のシモベとなって神経をすり減らすより、自分のことを優先してもいいと思います。

多少給料が下がるかもしれませんが、「部下をつけないでほしい」と願い出てもいいかもしれません。

部下にとっても、上司から嫌々教えられるのも気分がよくないでしょう。自分勝手なヤツだと非難されるかもしれませんが、ガマンできないほどのツラさを押し殺してまでやらなくてもいいと思います。

Q 05
職場に話が合わない人がいる。うまくやっていくにはどうしたらいい？

A 05
人間関係の煩わしさが少ない仕事を選ぶ

話が合う人、合わない人というのはどんな状況、環境でもいるものです。

合わない人とムリに話を合わせようとしても、会話はぎくしゃくし、話は盛り上がらないでしょう。

そしてそのことに苦痛を感じるようになります。

当たり前ですが、自分と合う人を選んでつき合ったほうがうまくいきます。


男女関係はとくにそうです。

仮に、ルックス重視で相手を選んだとします。

しかし、つき合ってみると話が合わない。

デートをしてもつまらないでしょう。

最初は話を合わせようと努力するものの、やがて嫌になって別れてしまうケースが多いと思います。

話が合うかどうかを優先してつき合っていれば、このような悩みは生じなかったでしょう。

医者の世界も同じです。

大学病院の場合、医学部の教授のポストはだいたい10年近く変わりません。

ですから、その教授と話が合わなかったとしたら、10年はガマンしなくてはならないわけです。

一般企業は3年とか5年で上司が変わることも多いでしょうから、医者は大変です。

そのストレスのせいで患者さんに冷たく当たる医者が少なくないのではないかと思うぐらいです。

前にも書きましたが、私は学生時代に人との関係に悩んだ苦い経験があります。

だから、今はできるだけ話や性格が合う人とだけつき合い、合わない人とはつき合わないようにしています。

もちろん、私はフリーのような立場なのでそれが可能になります。

これからは会社に属さない働き方もどんどん増えていくでしょうから、やろうと思えばできると思います。

むしろ人間関係が苦手な人は、ひとりでも稼げる仕事を見つけて、そこで食べていけるスキルを磨く方が、嫌な人と話を合わせる努力より、よほど実のある健全な努力ではないでしょうか。

Q06 同僚と仲良くなりすぎるのも問題ですか？

A06 べたべたした関係になると後が面倒

心理学の世界でよく知れている寓話に、「ヤマアラシのジレンマ」というものがあります。

簡単にいうと、次のような物語です。

寒い冬の日、2匹のヤマアラシが、互いの体を温め合おうとしていました。

しかし、ヤマアラシの体には鋭いトゲがあります。体を寄せ合おうとすると、互いのトゲが刺さるのでなかなか近づけません。

もっと近寄って温め合いたいけれど、近づきすぎるとトゲが刺さって痛い、という状態です。

やがて、互いにトゲで傷つかず、体を温め合うことのできる〝ほどよい距離〟を見つけたのでした。


この寓話はヤマアラシを例に挙げていますが、職場の人と人との関係も同じではないでしょうか。


相手と良好な関係を続けていくには、適度な距離感が必要です。長くつき合うには、ほどよい距離を保ち続けることが重要になります。

いや、話が合う人とはもっと距離をつめてつき合いたいと考える人もいるでしょう。その方がよりわかり合えるはずだ、というわけです。

しかし、人間関係のトラブルは、相手との距離が近すぎることで起こることが少なくありません。

ヤマアラシのように、トゲが刺さって痛い思いをするわけです。

しょっちゅう一緒にいるようになると、相手に遠慮がなくなります。時には不用意に傷つけるようなことをいってしまったり、してしまうこともあるでしょう。

また、アイツならこちらの気持ちをわかるはずだと期待し、それがわからないと裏切られた思いになります。

愛と憎しみは裏腹なので、付かず離れずの関係を意識していた方が、無用なトラブルを避けることができるのではないでしょうか。

Q07 上司に認めてもらえない。承認欲求のやり場がない

A07 自分のいいところを伸ばそう

他人から認めてもらいたい思い＝承認欲求は誰にでもあります。
承認欲求が満たされると、自分の存在価値に自信を持つことができます。自分は周りか

ら必要とされているんだ、と思えるからです。

ですから、会社員の場合、上司から認められないと、自分の存在価値を否定されているようで、とても苦しいのだと思います。


私はこういう場合、「自分の得意なところをどんどん伸ばすようにしましょう」とアドバイスします。


人はつい、苦手なところを克服すれば、相手も認めてくれるだろうと考えがちです。

しかし、実際はそうでもなくて、苦手を多少克服するよりも、得意を伸ばした方が結果に結びつきやすく、相手も素直に「すごいじゃん!」と認めてくれやすいはずです。

たとえば、国語は苦手だけれど、数学は得意な子がいたとします。その子が国語を一生懸命勉強し、テストで平均点レベルになってもあまり目立たないため、先生に褒められる可能性は低いでしょう。

Q08 会社に行くより家でゲームをしていたい

A08 依存症になると引きこもりから抜け出せなくなる

今やゲームはパソコンやスマートフォンでも楽しめるようになり、より身近な娯楽のひとつになっています。

仕事が休みの日に熱中したり、平日でも気分転換程度にゲームをやるのは問題ないと思います。

ただし、度を越してはまり、ゲームに依存するほどのレベルだったら看過することはできません。

「会社に行くより家でゲームをやっていたい」と感じるのは、依存症とはいかないまでも、その一歩手前といっていいでしょう。


ゲーム依存症は、ゲームに没頭するあまり、利用時間などを自分でコントロールできなくなり、日常生活に支障をきたす状態を指します。２０１９年5月、「ゲーム障害」としてＷＨＯ（世界保健機関）に認定されました。

ゲーム依存症の患者は中高生、成人と幅広く、30代40代のサラリーマン層も増えているといわれています。

最近は、自治体がオンラインゲームの使用時間を制限した条令を成立させるなどの動きも出てきています。

1日10時間以上もゲームに没頭し、家にこもって半年や1年も外出しないというのがゲーム依存症の典型的なパターンです。ゲーム依存症と引きこもりは、密接に関係しているのです。

誤解を恐れずにいえば、私は引きこもりには「いい引きこもり」と「悪い引きこもり」があると考えています。

いい引きこもりは、家にこもりながらも、ネットで収入を得るなど自分なりに経済活動をしているケースです。

生計を立てられているならそれほど批判されるものではなく、ひとつの生き方ととらえていいと思います。

一方、悪い引きこもりはその逆で、家にこもって経済活動を一切せず、生計を立てられていない状態です。ゲーム依存症はこちらにあてはまることが多いでしょう。

依存症の特性は、人に依存できなくて、モノに依存することです。

ゲーム依存症、アルコール依存症、スマホ依存症、みんなそうです。

人に依存――すなわち会社でも会社外でも良好な人間関係があって、仲間や友人と遊んだり、飲んだりしている人は、依存症にはなりにくいでしょう。そういう関係を築けていない人が依存症に陥りやすいといえるのです。


中でもゲーム依存症の場合、引きこもりの〝トリガー〟になります。そこが一番怖いところです。

ゲームに没頭するあまり、前述した悪い引きこもりを招きやすいのです。

依存症は脳の病気で、神経伝達物質のドーパミンが過剰に分泌されて快楽をもたらします。ゲームで味わうその快楽によって、依存症に陥ります。

そして、一度発症するとなかなか元には戻れません。

そのため、ゲーム依存症になると引きこもりからもなかなか抜け出せなくなります。
会社からどんどん足が遠のいていってしまうのです。
依存症に陥るのは誰もが避けたいはずです。
ゲームとは適度につき合うことをおすすめします。

会社に行きたくない。さて、どうする？

4章の答え

◎自分にはこの場所しかない、この方法しかない、と思うとストレスになる。他にもいろいろな選択肢があると考えよう。

◎上司に好かれる必要はない。上司に合わせることがストレスになる人は、ビジネスライクにつき合えばいい。

◎ゲームやアルコール、ギャンブルなど、「モノ」に依存するのはやめよう。抜け出せなくなるので注意を。

5 章

100%前向きになれる 10の習慣

CHAPTER 5

10 HABITS TO BECOME A 100% POSITIVE PERSON.

同じ出来事に対して、それをプラスにとらえるかマイナスにとらえるかは、人それぞれです。

マイナスにとらえる人は、他人から見れば十分いいことでも悪くとらえてしまいがちです。

その考え方さえやめれば、もっとラクに生きることができるでしょう。

最後の5章では、物事を前向きにとらえられるようになる考え方や動き方を10の習慣としてまとめました。

ツラいとき、嫌なことがあったとき、会社に行きたくないときは、ぜひこの習慣を試してみてください。

きっと気持ちがラクになるはずです。

習慣01 会社は収入を得る場所だと割り切る

「嫌でも会社に行かなければいけない」と思っている人は、会社が人生のすべてだと考えているように思います。

たしかに多くの人は、1日の大半を仕事に費やしているので、そういう見方もできるでしょう。

しかし、そういう人に私はこうアドバイスしています。

会社なんて、人生の一部で、収入を得る場所だと割り切ればいい、と。

私たちが生きていくには、お金を稼ぎ、生活を維持していかなければなりません。働いて給料をもらい、自分または家族の生活を守る必要があります。

会社はそのための場所であり、その場所でしかないと考えるのです。

このような考え方は前述したように、欧米の人によく見られます。会社は仕事をする場であるから、時間内はしっかり仕事をして、定時になったらさっと帰ってプライベートの時間を楽しみます。

会社の人と、仕事帰りに飲みに行くということはあまりないといいます。

もちろん、これをそのまま日本の会社でやるのは難しいかもしれません。とくに出世を望み、地位や肩書を求めた場合、そのような働き方は通用しないでしょう。

地位や肩書に縛られると、途端に思いどおりにいかなくなります。

評価を気にして自分の意見をいわないため、会社や上司のいうことに振り回されてしまいます。

そうまでして、出世することが重要であるかはもちろんあなたの考え方次第です。

会社は収入を得る場だと割り切れば、余計なつき合いや忖度から生じるストレスは随分減るでしょう。

最低限のコミュニケーションをして、まじめに働いていれば、それほど冷遇されることもないはずです。

そして、会社は人生の一部でしかないと思えば、会社以外の世界に目を向けるきっかけにもなるでしょう。

それがもとで、別の仕事に興味が湧くかもしれません。

このようにプラス思考で考えれば、自分自身で人生の可能性を広げ、人生をもっと面白くすることができるはずです。

習慣 02
自分で自分を褒める

会社で嫌なことがあった日は、「あ～あ、明日は会社に行きたくないな」と思うでしょう。上司に怒られたり、仕事でミスをしたり……、そういう時は上手に気分を変えないと、いつまでもマイナスの気分を引きずることになります。

反対に、上司に褒められたりすると、それがたとえ嫌な上司だったとしても、テンションが上がるのではないでしょうか。

人は褒められた言葉を真に受けて、信じやすいという特性があります。この効果は心理学の実験で証明されています。

アメリカの心理学者バートラム・フォアは、学生たちに心理調査を行い、その結果をもとにした性格分析のレポートを一人ひとりに手渡しました。

しかしこのレポートは、すべて同じ内容でした。にもかかわらず、レポートを読んだ7～8割の学生が「当たっている」と感じたそうです。

なぜ、学生たちは当たっていると感じたのでしょうか。それは、性格分析の内容がすべてポジティブなものだったからです。

「実行力がある」「想像力に優れる」「感性が豊か」など、人はポジティブに肯定されると、その言葉どおりだと思い込む傾向が強いのです。

これは先の心理学者フォアの名から「フォアラー効果」と呼ばれています。

ですから、あなたが上司であれば、部下をどんどん褒めてあげてください。そうすれば、部下は褒めたとおりの人間になっていくはずです。

問題は、あなた自身です。誰かが褒めてくれないと、あなたの気持ちを上げることはできません。

そんな時は、ぜひ自分で自分のことを褒めてあげてください。それでも同じようにフォアラー効果を得ることができるからです。

たとえば、仕事を終わって帰宅したときに、「今日も1日よく頑張った。プロジェクトは絶対にうまくいく。明日も頑張ろう！」などと自分を褒めるのです。

ポイントは、どんな結果が出ても、自分を褒めることです。

予定していた資料を作り終えることができなかったとしても、「自分はダメだな」と思わずに、「時間をかけた分、いい資料に仕上がりつつある」と、自分を褒めて励ますのです。

その方が気分はいいですよね。

上機嫌で仕事に臨めば、自ずといい結果も出ることでしょう。

前向きな気持ちは自分で作り出すことができます。そのために毎日、自分を褒めて励ますことを習慣にしてください。

習慣03 思い切って1週間休んでみる

疲れていると、当然ながら仕事の効率は落ちます。

アイデアだって浮かびません。精神的にもきつく、イライラが募ります。体調を壊すことにもなりかねません。

疲れをそのままにしたら、いいことは何もない、ということは皆さんもよくわかっているでしょう。

そんなときは、きちんと休むようにしてください。

旅行に出かけたり、趣味を楽しんだりすれば、気分もリフレッシュするはずです。

でも、休むのが苦手な人もいるでしょう。休むことを恐れているといったほうがわかりやすいかもしれません。

理由ははっきりしています。前に述べたように、「自分が休んだら、仕事が回らない」と思っているからです。仕事がデキると自負している人ほどその意識が強く、休むことに抵抗を感じます。

たしかに会社にとって重要な戦力なのかもしれません。休むことはそれなりの痛手を伴うでしょう。

ただ、ひとりが休んだぐらいで組織が機能しないということは、まずありません。代わりの戦力は必ずいて、仕事は回っていくものです。

ほかにも、1章で話したように、休んだらダメなヤツと思われるので休めないという理由もあるでしょう。

しかし、人の評価を気にしていたら、一生他人に振り回されます。そんな生き方を誰も望んではいないでしょう。

体も心も疲れたら、思い切って1週間休むことをおススメします。有給休暇などを利用して、その1週間を好きなように過ごしてみてください。

精神療法の森田療法では、神経症などの入院治療において、1週間は何もさせないという方法をとります。

何もしないで1週間を過ごすことで、不安だった自分とは違う自分を体験してもらうのが目的です。

この考え方では、会社から離れて、何もせずに1週間を過ごすと、働いている時に感じていた不安や焦りなどを感じなくなります。代わりに、「何かしたい」という人間本来の欲望が蘇ってきます。

休むことで再び目覚める「何かしたい」欲望は、気持ちが前向きになっている証なのです。

習慣 04
「勝ち負け」で考える発想をやめる

物事を「勝ち負け」で判断する人は少なくありません。他人と比較し、自分は勝っているかどうかをつねに気にします。

こういう人は勝っている間はいいのですが、一転、負けるとその分大きなダメージを受けます。

たとえば、現在は年収も高く、出世頭のAさんと、いまのところ年収が低く、仕事の成績がもうひとつのBさんがいたとしましょう。

Aさん、Bさんとも勝ち負けにこだわる性格で、互いをライバル視していたとします。現在のところAさんはいわゆる勝ち組であるので、気持ちは明るい。かたやBさんは負け組なので、気分は落ち込んでいます。

しかし、この状態はお互いにずっと続くものではないでしょう。


Aさんが仕事で失敗をしてそのポジションを失えば、気持ちは大いに沈むはずです。これまでのように、気分よくいるには勝ち続けなければなりません。

一方、Bさんが成果を出して出世したら、その時は気分がいいでしょう。しかし、元の状態に戻らないようにするには勝ち続けなければなりません。

どちらにしろ、安心はできないのです。

勝ち負けにこだわるとつねに一喜一憂することになり、いつまでたっても気は休まらないでしょう。

勝ち負けというのは、あくまで世間一般の尺度でしかありません。

そんな尺度ではなく、自分が幸せかどうかを基準に物事を決めた方が、気分よく生きられると思うのです。

習慣 05 上司の機嫌に左右されない！目に見える確かなスキルを磨く

できれば上司に嫌われない方が、ストレスなく仕事ができるはずです。

しかしこの考え方は、一歩間違えると自分を追い詰めることになるので注意が必要です。

前述したように、嫌われないように上司の顔色をうかがい、自分の意見を押し殺すことが増えれば、ストレスも比例的に増えていくでしょう。

仮に、相性がバッチリ合う上司にあたったとしても、ずっとその上司のもとで仕事ができるわけではありません。

人事異動で上司が変わるたびに不安や心配を抱えるのは、精神的によくないでしょう。好かれる・嫌われるという曖昧なものに左右されるのではなく、実力という確かなものを磨く方がずっと健全だと思います。

かつてのように家族主義的な会社が多かった時代なら、上司に好かれるようにした方がより手厚く面倒を見てくれたのかもしれません。

しかし、今は能力主義・成果主義が当たり前の時代です。そんな中では、仕事の成果をよりシビアに問われます。

いくら前の晩、飲み屋で遅くまで上司につき合ったとしても、翌日に仕事でミスをすれば、むしろ評価はマイナスでしょう。

最近は、管理層の人材不足もあって、何歳になってもスキルがあれば転職できる時代になりました。

確かなスキルを持てば、いつ、どうなっても生きていけるという自信につながります。経理の腕を磨くとか、リモートワークでも営業できるスタイルを身につけるなど、将来を見越して、今を力をつける時期と見定めて精進すればいいのです。

精神的にも、その生き方の方がずっといいのは明らかでしょう。

習慣06
「1回きり」という発想を捨てる

かつては新卒で入社した会社に、定年まで勤めることが当たり前でした。就職先が大企業であるほどそう考える傾向は強かったと思います。

これは結婚も同じで、基本的にはその相手と一生を添い遂げるのがよしとされていました。

そのせいか、日本人は何事も「1回きり」という発想をしがちです。

「チャンスは1度しかない」と決めつけ、「これを失敗したら終わりだ」ぐらいに思っている人が結構います。

この思考パターンは、自らに苦しみを強いることになります。

たとえば、就職を「1回きり」ととらえたら、会社で働くのがどんなにツラくても辞められません。

合わない職場も、嫌な上司もすべて受け入れてガマンしなければなりません。

大袈裟に聞こえるかもしれませんが、そうやって選択肢を自分で狭めている人は意外に多いのです。


実際には、人生の出来事の大半が「1回きり」ではありません。

転職は今や当たり前の時代です。新卒で入った会社が合わず、転職を3回4回として理想の会社に巡り合う場合もあるでしょう。

結婚だって今は3組に1組が離婚する時代です。

1回目の結婚でうまくいかなかった人が、2回目の結婚でうまくいったというのはよくある話です。私の世代ではむしろ多いかもしれません。お互いに人生経験を積んだうえで選んだ相手ですから、さもありなんではないでしょうか。

「1回きり」の思考をやめましょう。

会社だって、嫌だったら辞めればいい。

「嫌だったら辞めればいい」と考えたら、むしろ逆にちょっとのことならガマンできるようになるのではないでしょうか。

嫌な上司であれ、嫌な仕事であれ、ずっと続くと思うからガマンするのがつらくなるのです。

いざとなれば辞めればいい、と思えれば、そのストレスやプレッシャーはだいぶ和らぐでしょう。

チャンスは何度でもあるのです。

習慣07 正解はひとつではない

習慣6に似た話ですが、「正解はひとつ」と考えるのもよくない思考パターンです。

「正解はこれしかない」と決めつけると、異なる意見が出たときにストレスを抱えることになります。

たとえば、医学界では「コレステロール値が高い＝不健康」と信じて疑わない医学者が圧倒的多数です。一般の方もそう認識し、とくに中高年の方はコレステロール値に気を配る人が多いでしょう。

でも私は、「コレステロール値はある程度高くても問題ない」と考えています。

もちろん、根拠もなしにいっているのではありません。日本でも欧米でもそのことを裏付ける疫学データがいくつもあります。

本書はそういう類の本ではないので詳細は省きますが、にもかかわらず、日本の権威ある学者たちはまったく信じようとしません。

それどころか、私は彼らから辛らつな批判を受けることになりました。

内容が違うだけで、同様の経験をしている人は多いはずです。

あなたが上司の立場だったとして、部下が自分と異なる意見を主張してきたら、少なからず気分を害するのではないでしょうか？

「こいつはわかっていない。だからダメなんだ」などと腹立たしく思い、イライラを募らせていませんか？

そうした姿こそ、自分が正しく、「正解はひとつ」と決めつけている証に他なりません。

自分が正解だと思っていることにこだわる人は、異なる意見を持つ相手に対して敵対心を抱きます。

周りの人と衝突しやすく、それがストレスとなって蓄積していきます。正しさで自分を縛る人ほど、そのストレス状態から抜け出せなくなります。

はたして、本当に正解はひとつだけでしょうか。

物事には様々な見方があります。いろんな考え方、価値観があるわけですから、正解は決してひとつではありません。当たり前のことです。前述したように、科学的なデータですら、説が分かれるものもあるのです。

そのように物事を柔軟にとらえれば、自分とは異なる意見も素直に受け入れられるはずです。心穏やかに人の話を聞くことができるでしょう。

習慣 08

とにかく、やってみる

新しい世界に踏み出すのは勇気のいることです。

成功する可能性もあれば、失敗する可能性もあります。そう思うと、なかなか踏み出せない気持ちもわかります。

たとえば、現在の職場が合わず、転職を考えたとします。

転職サイトでよさそうな会社を見つけても、いざ面接を受け、実際に転職をするところまではいける人は少ないはずです。

行動の障害となるのは様々な不安です。

とくに、やってみる前から悪い結果を想像すると、不安を増殖させます。

「面接で落とされたらどうしよう……」

「転職先にまた嫌な上司がいたらどうしよう……」

などと先回りして考えると、行動に移すことができなくなります。

結局、ガマンして働き続けるハメになるわけですが、そうなると気持ちはどんどん塞いでいきます。


何事もやってみないことには結果はわかりません。

やってみる前から結果を想像するのは無意味なことです。勝手に不安にかられるのも不要なことですね。

じつは、やってみて損をしたということは、あまりないはずです。

うまくいけば文句はないですし、仮にやってみたけどダメだった場合も損することはありません。

たとえば、営業職に転職したけれど成績が伸びなかったとしましょう。その場合でも、人に物を売る難しさを知ることができたと考えられますし、多少のコミュニケーションスキルも身についたでしょう。

自分には向いていないこともわかったので、別の職種にトライする機会になったと考えることもできます。

また、実際に転職したとして、そこでも上司との相性が悪かったら、どうやら自分は組織で働くのは不向きだと悟り、真剣にひとりでやる＝起業する方法を考えるようになるかもしれません。

このように、たとえうまくいかなくても、何らかの収穫はあるものなのです。

やってみて次の世界を知ることで、人は成長し、気持ちも前向きになります。嫌な場所にとどまらず、次の場所にトライしましょう！

習慣 09

会社に行かなくても困らない

なぜ、ガマンして会社に行くのか。それは、会社に行くことで給料という対価を得るためでしょう。

では、その会社をクビになったらどうしますか？

途方に暮れて、不安を抱えることになるでしょう。

会社で働くということは、安心なようでいて、じつは収入を得る手段をひとつしか持っていないというリスクも内包しているのです。

今、会社員に副業が解禁されつつありますが、積極的に活用すべきだと考えます。

パソコンやスマホを使って、帰宅後や休日に稼げる手段を見つけることは難しいことではありません。

そうした情報は溢れているはずです。


株式投資はそのひとつです。

トレードの勉強をして、経験を重ねながら売買のスキルに磨きをかければ、一定の収入を稼ぐことは可能でしょう。

あるいは、仕事とは別の能力――たとえばものを書いたり、ウェブサイトを作ったり、何かを制作することでお金を稼ぐこともできます。


どちらも個人で手軽にできて、自宅にいながらでも取り組めます。

「会社に行って働き、給料をもらう」以外に、個人の力で生計を立てられる道がふつうにあるのです。

ただし、すぐに個人の力で稼げるようになるわけではありません。稼げるようになるにはある程度の期間を要するでしょう。

ですから、まずは給料という主たる収入が保証されているうちに、「副業」でチャレンジしてみるのがおすすめです。

会社に頼らず、自分で稼ぐ力を持てば何があっても安心です。その心の余裕が、きっと今働いている会社でもいいように作用するでしょう。

習慣10 「働く」ということを見直す

この本のテーマは、「会社に行きたくない。さて、どうする?」です。

本書を手に取ったあなたにとって、今、会社という存在は少なからず重荷になっているでしょう。

これまで本書でお話ししてきたことを実践すれば、重荷をおろし、前向きな気持ちで会社に行くことができるようになると思います。

それでも、気持ちが変わらない人は、習慣9のように思い切って会社で働くことを辞める手もあるでしょう。

自分で稼ぐ手段をもてばいいのです。

さらにいえば、1年中ずっと働いていなければならないわけではありません。

日本人は、有給休暇をとることもままならず、夏季休暇もせいぜい1週間、短い人は2日、3日ぐらいしかない人も多いでしょう。

それは自ら望んだことではなく、周りがそうしているから、自分もそうしているだけで、できることならもっと休みたいはずです。


ならば、もっと自分の欲望に忠実に生きたらどうでしょうか。

働き方はひとつではありません。

ひとつの働き方にこだわる必要など全然ないのです。

「会社に行って働くのが当たり前」「週5日働くのが当たり前」「1日8時間働くのが当たり前」……そうした固定観念は捨てるべきです。

ひとつの働き方や従来の枠組みに自分をはめる生き方は、もうやめてもいいのではないでしょうか。

「休む」ことも「働く」のと同じように大事なことです。

自分にとってよりよい休み方を見つけてほしいと思います。

5章の答え

◎「会社を辞める」と決めてみる。すると、自分は本当は何をやりたいのかを考えることができる。

◎就職、結婚…なんでも1回きり、という発想を捨てる。次があると思えば、もっとチャレンジできる。

◎休むことも、働くことと同じように大事なこと。自分にとって、よりよい休み方を真剣に探してみよう。

【著者略歴】

和田秀樹（わだ・ひでき）

1960年大阪府生まれ。1985年東京大学医学部卒業。東京大学医学部附属病院精神神経科助手、米国カール・メニンガー精神医学学校国際フェロー を経て、現在は精神科医。和田秀樹こころと体のクリニック院長。和田秀樹カウンセリングルーム所長。国際医療福祉大学教授（医療福祉学研究科臨床心理学専攻）。一橋大学経済学部非常勤講師（医療経済学）。川崎幸病院精神科顧問。
著書に『感情的にならない本』『自分が高齢になるということ』『50歳からの勉強法』など多数。

会社《かいしゃ》に行《い》きたくない。さて、どうする？

2020年6月1日初版発行

発行　株式会社クロスメディア・パブリッシング

発行者　小早川幸一郎
〒151-0051　東京都渋谷区千駄ヶ谷4-20-3 東栄神宮外苑ビル
http://www.cm-publishing.co.jp

■本の内容に関するお問い合わせ先 …………………… TEL (03)5413-3140／FAX (03)5413-3141

発売　株式会社インプレス

〒101-0051　東京都千代田区神田神保町一丁目105番地

■乱丁本・落丁本などのお問い合わせ先 ……………… TEL (03)6837-5016／FAX (03)6837-5023
service@impress.co.jp
（受付時間　10:00～12:00、13:00～17:00　土日・祝日を除く）
※古書店で購入されたものについてはお取り替えできません

■書店／販売店のご注文窓口
株式会社インプレス　受注センター …………………… TEL (048)449-8040／FAX (048)449-8041
株式会社インプレス　出版営業部 ………………………………………………… TEL (03)6837-4635

カバー・本文デザイン　金澤浩二（cmD）
DTP　荒好見（cmD）
製本　誠製本株式会社

本文構成　百瀬康司
イラスト　神保賢志
印刷　株式会社文昇堂／中央精版印刷株式会社
ISBN 978-4-295-40418-7　C2034